パーフェクトレッスンブック

バスケットボール
基本と戦術

PERFECT LESSON BOOK

監修 近藤義行（船橋市立船橋高校 男女バスケットボール部総監督）

実業之日本社

はじめに

中学・高校生に求められる基本と戦術

バスケットボールがうまくなるためには、「基本」を大事にすることが欠かせません。一度できるようになっても、別の難しいプレーを覚えるとともに「基本」を忘れてしまいがちです。それだけに反復練習し、習慣にすることが大切です。

みなさんは難しいプレーができる選手のプレーを見て、『すごい！』って思うかもしれません。でも上手な選手は難しいプレーをしない、ともいえます。つまり…。

いいプレーヤーは、基本プレーを正確に速く行っている――。

それが私のイメージするトッププレーヤーです。だからこそ中学・高校生のプレーヤーには「基本」を大事にしてもらいたいと強く感じます。

バスケットボールを始めてから基本を覚え、それを試合で通用させるためにはもう一つのキーワードである「戦術」が浮上します。いい換えると…。

練習で培った基本をいかに「相手がいる対人の状況」で使える戦術へと発展させていか――。

そこで「1対1」の個人プレーだけでなく、「2対2」におけるコンビネーションの構築の仕方、さらにチームプレーへとつなげられるように「3対3」まで触れようと思います。

それらを通常の「5対5」の試合で活かすだけでなく、最近世界的に盛り上がりを見せる「3×3（スリーバイスリー）」のゲームでもフルに活かしてほしいと思っています。

試合状況を強く意識しつつ、そこから逆算して練習内容を組み立てることによって、基本プレーにみがきをかけることができます。

本書が「基本と戦術」の両面に目を向けるきっかけになれば、とてもうれしく思います。

Contents

目次

002-003 はじめに

010-011 第1章「1対1の基本」

012-013 ボールをもらう前から1対1を意識しよう

014-015 クロスオーバーステップ

016-017 オープンステップ

018-019 ジャンプストップからのターン

020-021 基本レッスン…シェービングドリル…パターン①～②

022-023 基本レッスン…シェービングドリル…パターン③～④

024-025 第2章「ボールを持ってからの1対1」

026-027 ボールを持ったときの構え方

028-029 左右にボールを動かすスイング

030-031 相手からボールを取られないステップワーク

032-033 ジャンプシュート（ワンハンド）

034-035 ジャンプシュート（ツーハンド）

036-037 基本レッスン…シューティングドリル①
038-039 基本レッスン…シューティングドリル②
040-041 基本レッスン…シューティングドリル③
042-043 基本レッスン…シューティングドリル④
044-045 基本レッスン…シューティングドリル⑤

046-047 第3章「ドリブルを有効に使う」

048-049 1対1におけるドリブルの基本
050-051 スピードを変化させるチェンジオブペース
052-053 左右のズレを作るフロントチェンジ
054-055 左右のズレを作るレッグスルー
056-057 逆側から攻撃を仕掛けるロールターン
058-059 ゴールへの最短距離をつくインライン
060-061 打つ素振りを見せるシュートフェイク
062-063 ワンドリブルからのジャンプシュート
064-065 基本レッスン…コーンドリブル① コーンを使ったドリブルドリル
066-067 基本レッスン…コーンドリブル② 二つのボールで行うドリブルドリル①～②
068-069 基本レッスン…コーンドリブル② 二つのボールで行うドリブルドリル③～⑤
070-071 基本レッスン…スプリットドリブル

Contents

072–073 第4章「シュートバリエーションを備える」

074–075 レイアップシュート①多彩なシュートテクニックを身に付ける

076–077 レイアップシュート②ボールを上げて相手に取られない

078–079 レイアップシュート③逆足の踏み切りでブロックをかわす

080–081 レイアップシュート④逆手のシュートでブロックをかわす

082–083 ブロックをかわすフローター

084–085 背後にあるゴールに決めるバックシュート

086–087 プレーの選択肢を広げるパワードリブル

088–089 大きくステップを踏むユーロステップ

090–091 ワンステップで体の向きを変えるギャロップステップ

092–093 基本レッスン…制限区域付近のシュート①ゴール下のポストムーブ

094–095 基本レッスン…制限区域付近のシュート②パワードリブルからシュート

096–097 基本レッスン…制限区域付近のシュート③ステップの速さを活かしてパワーシュート

098–099 基本レッスン…制限区域付近のシュート④ステップバックしてシュート

100–101 基本レッスン…制限区域付近のシュート⑤フワリと浮かしたフックシュート

102–103 第5章「2対2の攻略法」

104–105 チームメイトと協力して2対2を展開

106–107 ドライブからの合わせ①ゴール方向に走り込むダイブ
108–109 ドライブからの合わせ②スペースを利用するドラッグ
110–111 ドライブからの合わせ③コーナー方向に走り込むドリフト
112–113 ボールマンがユーザーになるスクリーンプレー
114–115 ピックアンドロール①ユーザーがシュートを狙う
116–117 ピックアンドロール②スクリーナーがゴール方向に走り込むダイブ
118–119 ピックアンドロール③アウトサイドに広がるポップアウト
120–121 ピックアンドロール④スクリーンをかけ直すリピック
122–123 ハンドオフ①スクリーナーがボールマンになる
124–125 ハンドオフ②ユーザーがドリブルを工夫する
126–127 ハンドオフ③スクリーナーがシュートを狙う
128–129 基本レッスン…パッシングドリル①チェストパスとクイックチェストパス
130–131 基本レッスン…パッシングドリル②バウンドパスとワンハンドプッシュパス
132–133 基本レッスン…パッシングドリル③サークルドリル
134–135 基本レッスン…パッシングドリル④ドリブルからの対面パス
136–137 基本レッスン…パッシングドリル⑤三角形のレイアップシュート①～③
138–139 基本レッスン…パッシングドリル⑤三角形のレイアップシュート④～⑤
140–141 基本レッスン…パッシングドリル⑤三角形のレイアップシュート⑥～⑦

Contents

第6章「3対3の攻略法」 142～143

3対3の考え方 144～145

ダウンスクリーン①ストレートカット 146～147

ダウンスクリーン②カールカット 148～149

ダウンスクリーン③フレアーカット 150～151

バックスクリーン 152～153

UCLAカット 154～155

UCLAカットから展開するインサイドアウト 156～157

インサイドをつくハイ・ロー 158～159

ディフェンスの裏をつくバックドア 160～161

基本レッスン…アウトナンバードリル① 162～163

基本レッスン…アウトナンバードリル①のポイント 164～165

基本レッスン…アウトナンバードリル② 166～167

基本レッスン…アウトナンバードリル②のポイント 168～169

第7章「攻撃側が嫌がるディフェンス力を備える」 170～171

1対1のディフェンス①ハンドワークと基本姿勢 172～173

1対1のディフェンス②ディレクション 174～175

ICHI FUNA
6

ICHI FUNA

第1章

1対1の基本

攻撃する1人の選手に対して、1人のディフェンスがマークして対峙する1対1——。これはボールを持ってから始まる戦いではなく、ボールを持つ前からすでに始まっている。つまりボールをもらう前に相手ディフェンスのマークを振りきり、攻撃する上で優位な状況でパスを受けることが欠かせない。その1対1の基本ともいえる、ボールのもらい方から見ていこう!

ボールをもらう前から1対1を意識しよう

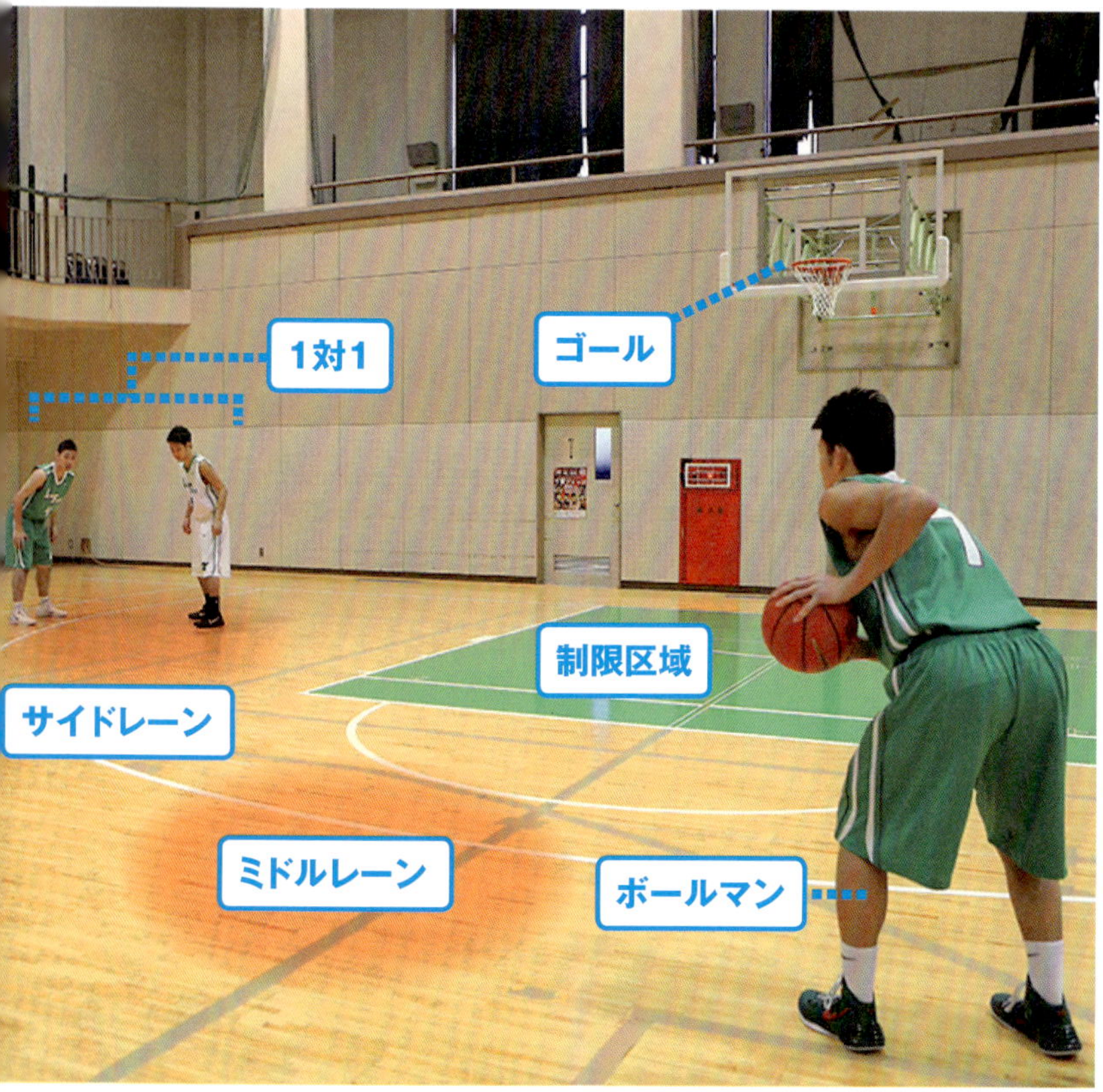

ミドルレーンにボールがあり、サイドレーンのボールがないエリアで1対1の状況

ボールをもらうときの三つの動き方

　バスケットボールがうまい――。そう思わせる選手の多くは、ゴールに向かう姿勢を失わず、自身が得点をあげられるプレーをイメージできています。それはボールを持ってからのうまさだけではありません。ボールをもらう前からどう動けば、ディフェンスのマークを振りきってシュートを打つことができるか考えています。それが「1対1」の基本に相当します。

　ボールをもらうときの動き方は、大きく三つに整理することができます。一つはボールマン（ボールを持っている選手）に向かう。二つ目はゴールに向かう。そして三つ目はボールマンから逆の方向に離れる動きです。つまりボールマンに近づこうとするばかりでは、1対1を優位に進められないわけです。

パターン① ディフェンスにパスをカットされないように、ボールマンに向かってボールをもらう

次のページへGo!

パターン② ディフェンスがパスコースに入ってきたときは、ゴールに向かってボールをもらう

160ページへGo!

パターン③ ボールマンやゴールに向かうことができないときは、ボールマンから逆の方向に離れてボールをもらう

150ページへGo!

シュートを打ちやすいボールのもらい方

確実にボールをキャッチする

ターゲットハンド（パスを受ける手）を見せて、ボールマンに向かう

体をゴールに対して正面にしやすいステップの基本型

ボールマンに向かいながらボールをもらう方法には、三つの基本プレーがあります。そのうち最初に覚えてほしいのが、足をクロスさせてからパスを受ける「クロスオーバーステップ」です。

ゴールに近いほうの足を最初につくことで、両足のつま先をゴールへと向けやすくなり、シュートが打ちやすくなります。

ただし、体をゴールに対して正面にしやすいこのステップをいつでも使えるわけではありません。相手ディフェンスが厳しくマークしてくるからです。そこで意識してほしいのが「相手との間合い」です。ボールを持っていないときに、クロスオーバーステップを踏めるだけの十分な間合いをとれているかを確認しましょう。

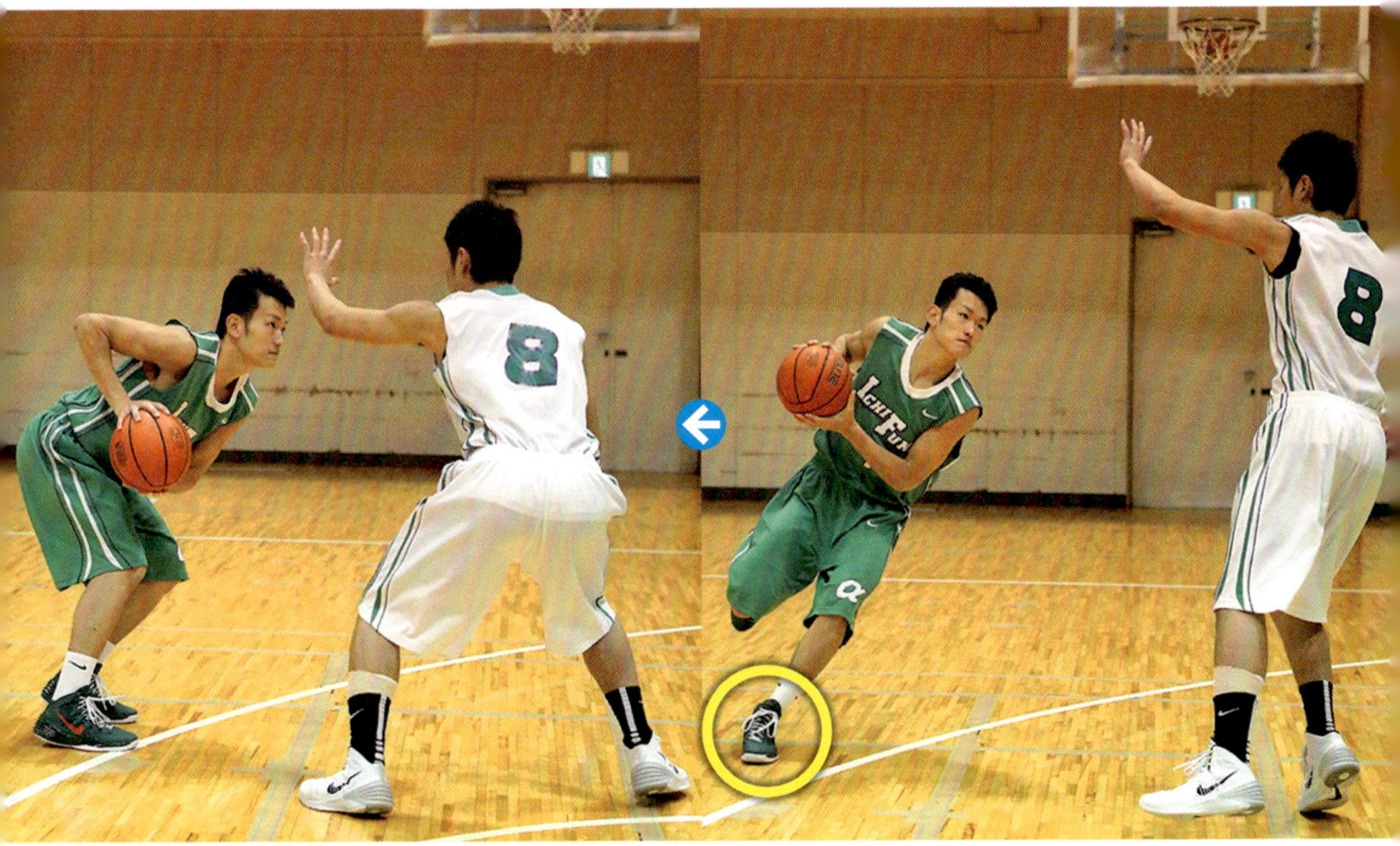

シュート、パス、ドリブル、何でもできるトリプルスレットの体勢をとる

ゴールに近い足（写真では左足）を先につくのがクロスオーバーステップ

パスを受けてから3歩以上歩くとトラベリングで相手ボールになってしまうので気を付けよう。写真では③の右足をつくとトラベリングになる

オープンステップ

できるだけ早くボールに触る

空中でボールを確実にキャッチする

ディフェンスにマークされている状況

間合いが狭いのを利用して逆側にドリブルする

相手ディフェンスとの間合いが狭く、クロスオーバーステップ（前ページ）を踏めないときには、ゴールから遠いほうの足からつく「オープンステップ」が使えます。クロスオーバーステップより早くボールに触れるというメリットがありますが、足のつま先をゴールへ向けにくいだけに、ボールをもらってすぐにシュートを打つのは簡単ではありません。

シュートを打つのが不可能というわけではありませんが、安定したシュートを打つのであれば、クロスオーバーステップのほうが適しています。

このオープンステップでボールをもらった際には、逆側にドリブルするプレーが効果的です。間合いが狭いのを利用するわけです。

シュート、パス、ドリブル、何でもできるトリプルスレットの体勢をとる

ゴールに近い足（写真では右足）を先につく

Point

オープンステップでパスを受けた場合、パスを出した選手とは逆方向にドリブルをつくプレーが効果的に使えます。

NG

この写真のオープンステップで左足が先についているとトラベリングになってしまう

接触してくる相手をかわす

空中でボールを確実にキャッチする

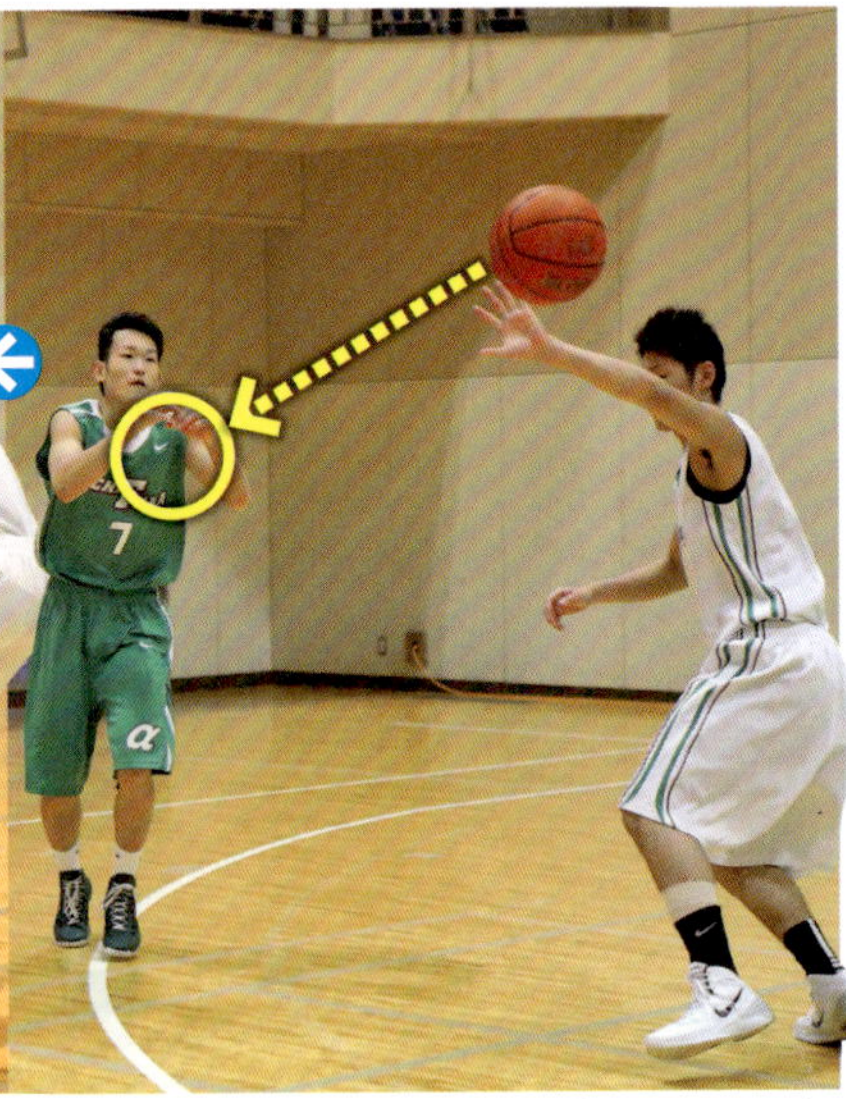

ターゲットハンドを見せて、ボールマンに向かう

ディフェンスと接触しながらボールをもらう状況では…

両足を交互につくステップだけでなく、両足を同時につきながらボールをもらう方法もあります。これを「ジャンプストップ」といいます。特に相手ディフェンスとコンタクト（接触）しながらボールをもらう状況で有効に使ってほしい技術です。

パスを受けたとき、ディフェンスをボールへと近づかせず、いわば「ロックした状態」になります。そこから逆側に（リバース）ステップを踏みながらターンすることで、接触する相手ディフェンスをかわすことができます。

このように相手ディフェンスとの間合いに応じて、ボールのもらい方を工夫しなくてはいけません。ボールを持っていないときから、そのような1対1を意識しましょう。

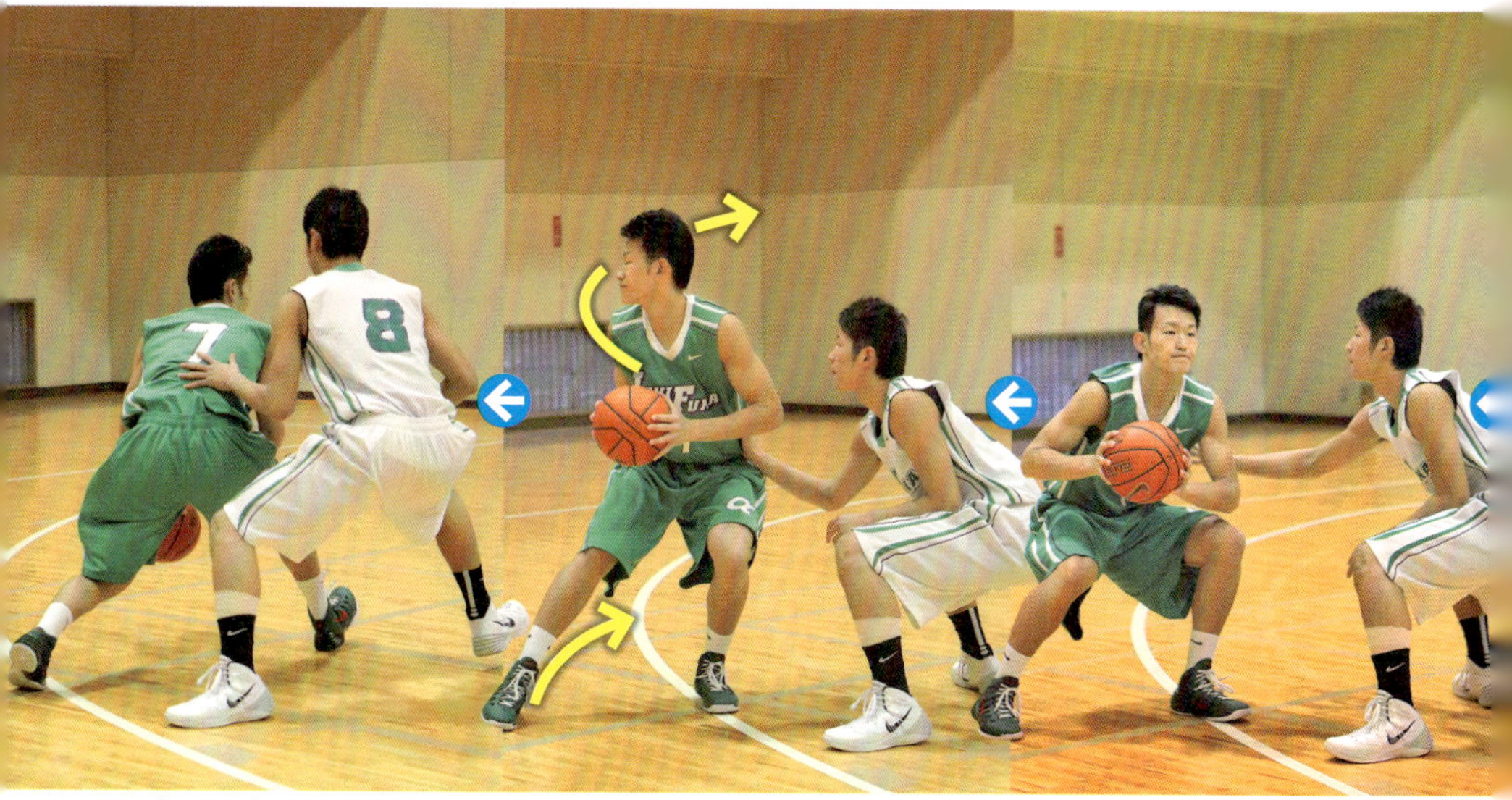

ドリブルでゴールへと向かう

パスを出した選手とは逆側にターンする

ディフェンスにボールを触らせない

Point

ターンした直後、ディフェンスがドリブルのコースに入っている場合はボールをつかず、ディフェンスがいないほう（写真ではコートのミドルレーン側）にドリブルで攻撃しましょう。

基本レッスン――シェービングドリル

ボールを持っていないときの動きから相手ディフェンスとの間合いを意識し、ボールをもらう動きまでを習慣化しましょう。そのためにおすすめなのが「シェービングドリル」です。この章で紹介したボールのもらい方を反復練習することで試合でも使えるようになります。

ボールをもらう動きを習慣化する

左右のウイング（ゴールから見て 45 度の左右のエリア）にそれぞれ並び、順番にパスを受けて、これから紹介するストップとドリブルを行います。

パターン❶

クロスオーバーステップ―クロスドリブル

ターゲットハンドを見せて、ボールマンに向かう

ゴールに近い足（写真では左足）を先につく

バランスを意識し、低い姿勢をとる

シュート、パス、ドリブル、何でもできる体勢をとる

クロスにドリブルをつく

パターン❷

オープステップ―クロスドリブル

ターゲットハンドを見せて、ボールマンに向かう

ゴールから遠いほうの足（写真では左足）を先につく

シュート、パス、ドリブル、何でもできる体勢をとる

軸足（写真では左足）が離れないように重心をかける

クロスにドリブルをつく

パターン③

ジャンプストップ―リバースターン

ターゲットハンドを見せて、ボールマンに向かう

空中で確実にパスを受ける

両足同時につくジャンプストップで止まる

パスを出した選手とは逆側にリバースターンする

軸足（写真では右足）を離さずにドリブルを開始する

パターン④

バックストップ―フロントターン

パスを出した選手とは逆側にフロントターンする

軸足（写真では右足）が離れないように意識してドリブルする

ターゲットハンドを見せて、ボールマンに向かう

ゴールから遠いほうの足（写真では右足）を先につく

相手ディフェンスに対して背中を向けるようにして止まる

Point

1対1の明暗を分けるのは、ゴールへの最短距離「インライン」をとれるかどうかです。インラインとはつまり、ボールマンとゴールとを結んだ架空のラインのことです。この第1章ではボールをもらう前の動きがメインテーマでしたが、そこからすでに「インラインを巡る攻防」が始まっているともいえます。そこを封じてくるディフェンスに対する攻略法を次章から考えていきましょう。

第2章

ボールを持ってからの1対1

ボールを持ってからのプレーには、三つある。10フィート（3メートル5センチ）の高さにあるゴールにボールを入れるシュート。チームメイトにボールを渡すパス。そしてボールを床につきながら移動するドリブルだ。そのうち最優先で狙うプレーはシュートである。いい換えると、ボールを持ったらまずゴールの位置を確認するということ。そこからシュートの成功率を高める技術を身に付けていこう。

積極的にシュートを狙おう

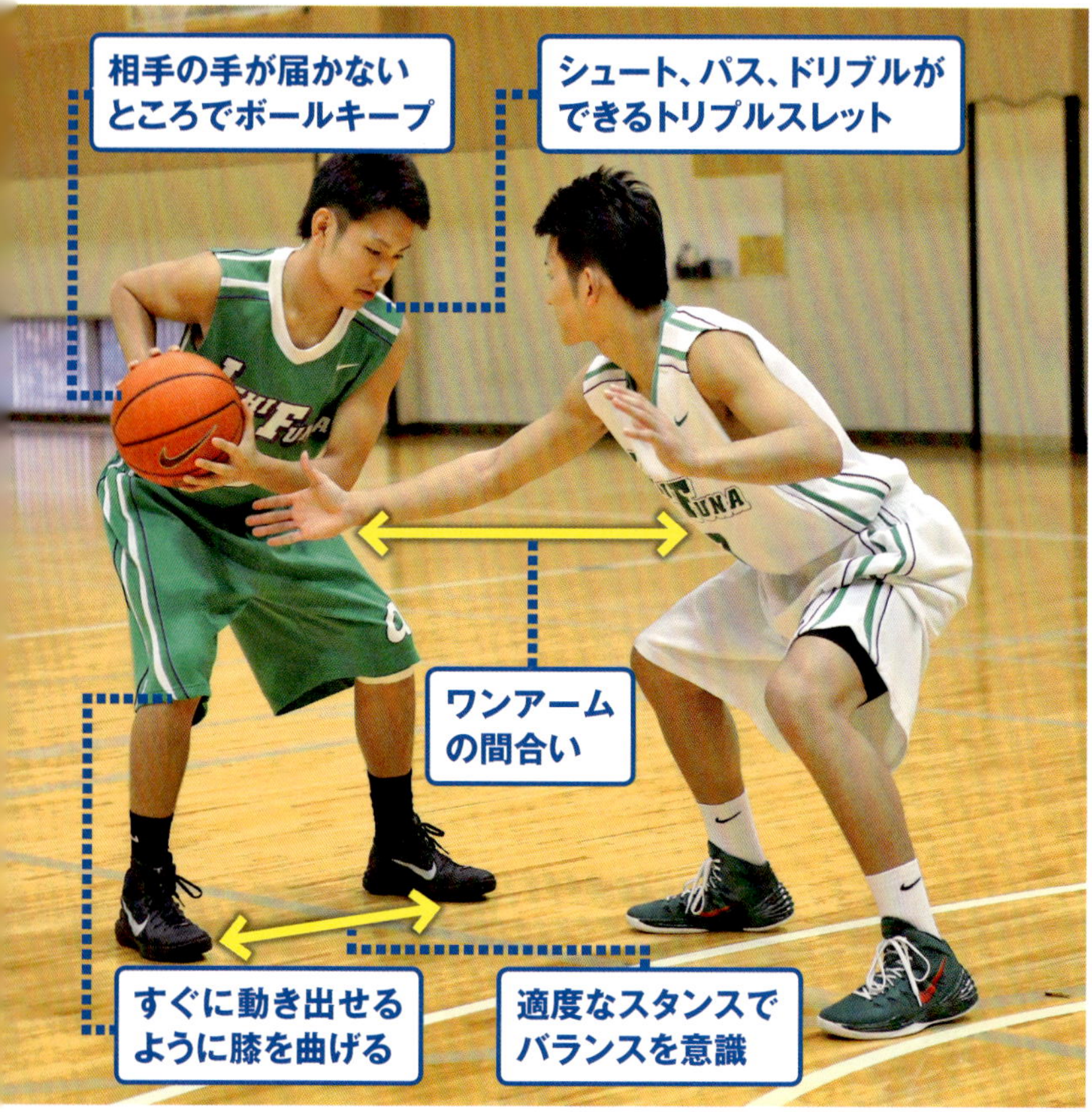
相手の手が届かない
ところでボールキープ
シュート、パス、ドリブルが
できるトリプルスレット
ワンアーム
の間合い
すぐに動き出せる
ように膝を曲げる
適度なスタンスで
バランスを意識

広いスペースを作りながらシュートチャンスを

「1対1」においてキーワードとなるのが、相手との「間合い」です。すなわち相手とどのくらいの距離をとるかということで、ボールがないところからその「間合い」をめぐる駆け引きは始まっています。このことについては前章で触れました。

　ディフェンスの基本としては、「腕一本分」の距離を保つことが基本とされています。これを「ワンアーム」といいます（172ページ）。攻撃側がボールを持ったら、このワンアームよりさらに広いスペースを作られるような1対1を展開することによってシュートチャンスが生まれやすくなります。

　ボールを持ったときの駆け引き、そこからのシュートへの持っていき方、そしてシュート率を高める方法を細かく見ていきましょう。

攻撃側の狙い

ディフェンスとの間合いを十分に確保できればシュートを打つことができる。相手が間合いを狭めてきたらドリブルで抜き、試合状況に応じてチームメイトにパスする

ディフェンスの狙い

腕一本分「ワンアーム」の間合いを維持し、攻撃側に時間を使わせる。試合状況に応じて間合いを調整し、ときには強いプレッシャーをかけてボールを奪うチャンスを作る

NG

ディフェンスが間合いを狭めたとき、重心を後ろに下げてしまうと攻撃体勢をとることができないので注意しよう

Point

右足が軸足（フロアにつけておくほうの足／次ページで説明）の場合、左足をディフェンスのふところに踏み込むことによって間合いを広げることができます。

左右にボールを動かす

左足を軸足とし、右側の肩の上でボールをキープする

相手にボールを取られず逆側からも攻撃できる

ボールをずっと同じところで持ったままでいると、相手ディフェンスに触られたり、ときにはボールを取られてしまいます。そこでボールを左右に移動させながらボールを取られないようにし、逆側からも攻撃できるように選択肢を広げていきます。このボールの移動を「スイング」といいます。

このスイングは両足を動かさず行う方法と、写真のようにスイングした後、足を動かしてボールを体で守る方法があります。

注意しなくてはいけないのが、軸足（写真では左足）を動かさないようにすること。ボールを移動させた後、自由に動かせる足「フリーフット（写真では右足）」を踏み込むことによってボールを体で守ることができます。

ボールを素早く逆側に移動させる

ボールの移動とともに、フリーフットである右足を動かすことでボールを体で守ることができる

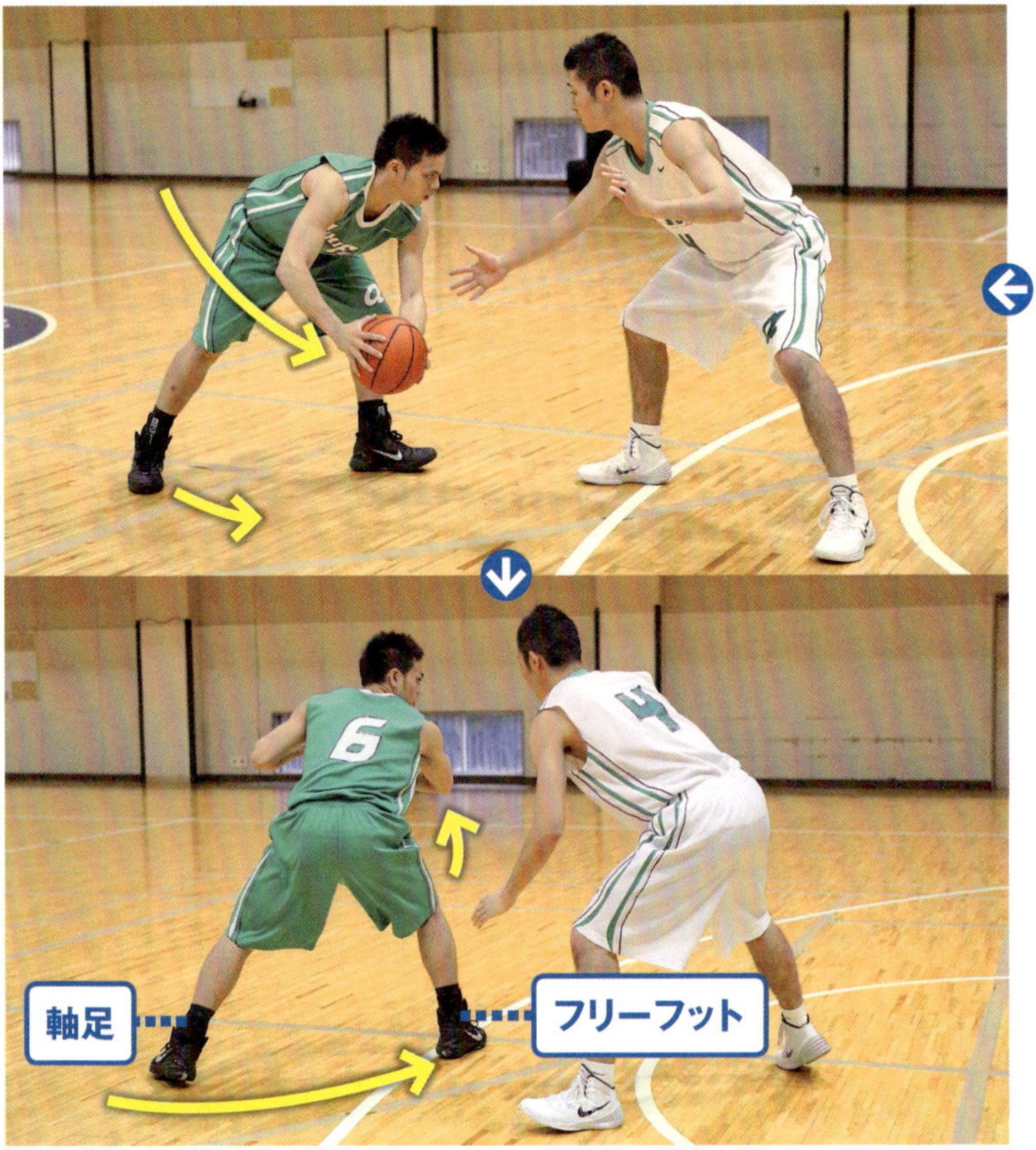

肘を張らず、ゆっくりとスイングするとディフェンスにボールに触られたり、取られてしまうので気を付けよう

肘を張って相手ディフェンスをボールに近づかせないようにしましょう。

相手からボールを取られない

ジャブステップ

左足を軸足とし、フリーフットである右足を右に踏み込むことによって、ディフェンスはドリブルを警戒して下がり、間合いを広げることができる

攻撃の幅を広げてくれるステップワークの大切さ

（前のページでも触れた）両足の使い方を中心に見ていきましょう。軸足（写真では左足）を動かさないようにし、自由に動かせる足「フリーフット（写真では右足）」を動かすステップワークは、攻撃の幅を広げる上でとても大切です。

フリーフットを適度に踏み込むことによって、ディフェンスはドリブルを警戒して下がるため、相手との距離を広げることができます。つまりそこからシュートを打てるということです。

そして逆側にフリーフットを踏み込むことによって、ボールを体で守りながら逆方向を向くことができます。さらにフリーフットを引き戻してから、逆側にターンするなど次のプレーを冷静に判断することができます。

クロスステップ

右足を逆側に踏み込むによって、ボールを体で守りながら逆側からも攻撃することができる

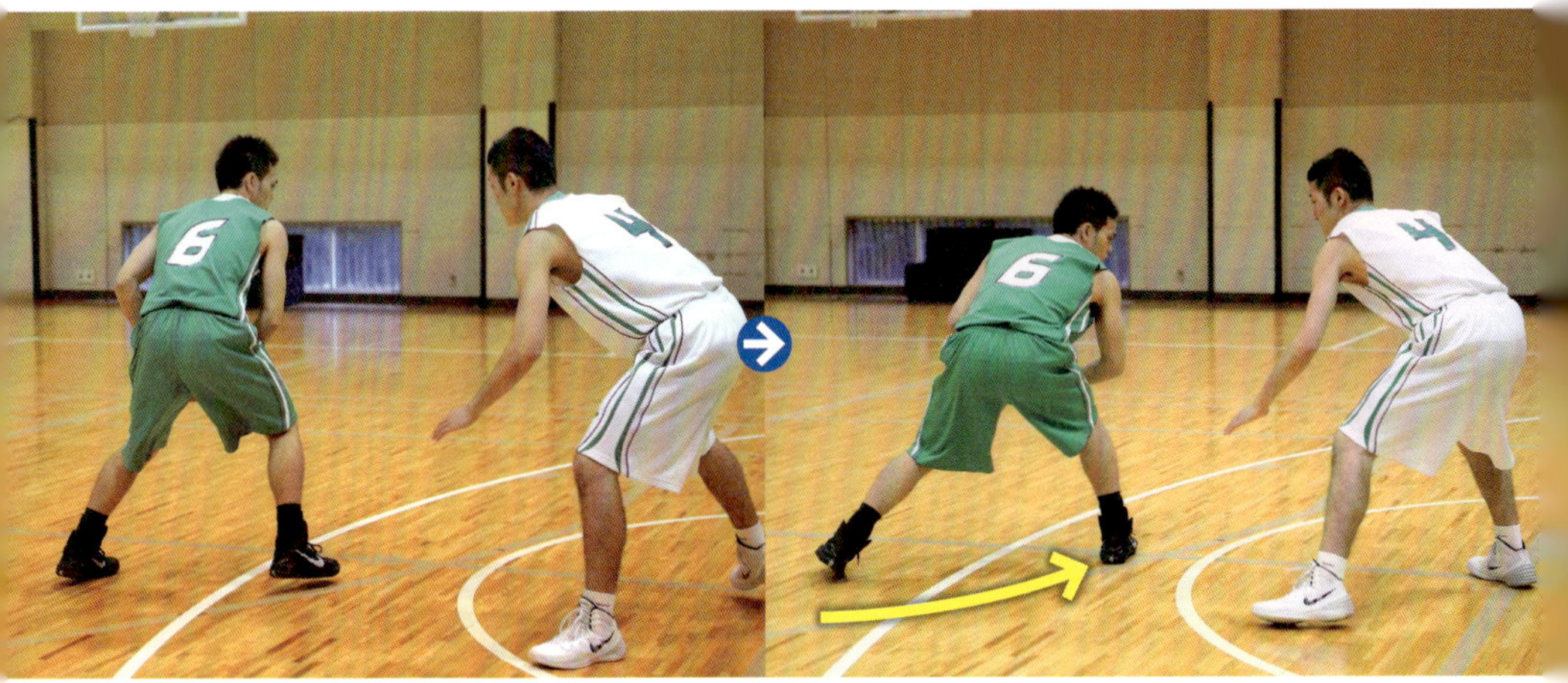

リバースステップ

軸足（左足）を動かさないように注意し、フリーフット（右足）を引き戻すことによって、
逆側にターンすることができる

Point

右利きの選手の多くは左足、左利きの選手の多くは右足を軸足とするのを得意とします。でも大事なのは両足を軸足にできること。利き手に関係なく、両方の足を軸足とできるように練習しておきましょう。

ジャンプシュート（ワンハンド）

間合いができたら積極的に狙う

1 フリーフットを引いたため、ディフェンスが間合いをつめている状況

2 シュート、パス、ドリブル、何でもできる体勢へと移行

パスやドリブルばかりを意識しないように！

　ディフェンスにボールを取られないように動かしながらステップを踏み、タイミングよくドリブルで相手を出し抜きシュートを決める——。それが1対1の代表的な形であり、次章から多くの得点パターンを紹介していこうと思いますが、忘れてはならないことがあります。それは間合いができたら積極的にシュートを狙うという姿勢です。

　シュートを考えずパスやドリブルばかりを意識していたら、ディフェンスに止められてしまいます。逆にジャンプシュートを決めることによって、ディフェンスは間合いをつめてくる分、ドリブルで抜きやすくなります。そこでステップを踏んだ後、まっすぐ上にジャンプすることを意識して、シュートを打つ練習を大事にしてください。

フリーフットを踏み込むジャブステップでディフェンスを後ろに下げる

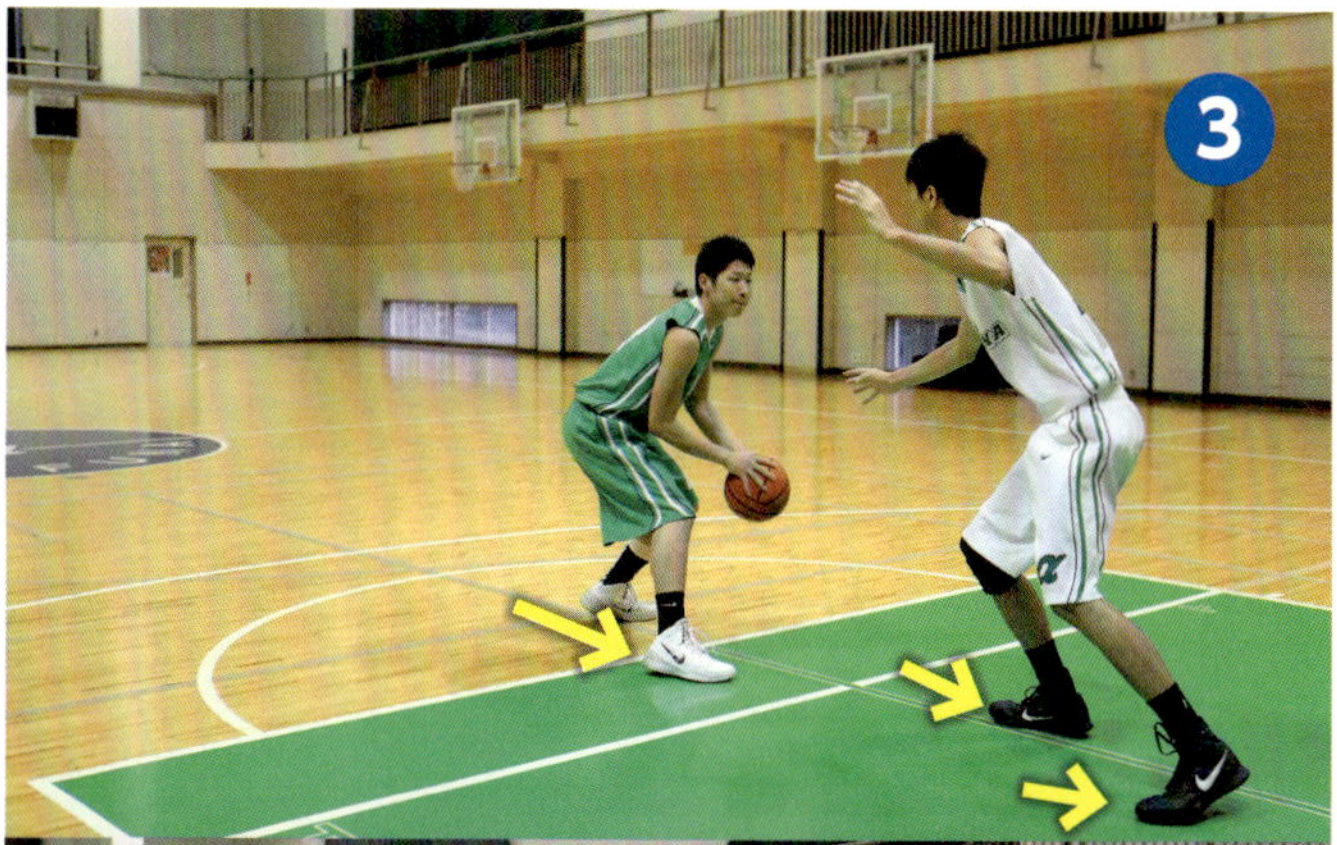

ディフェンスとの間合いができたら、すぐさまフリーフットを引き戻しシュート体勢に

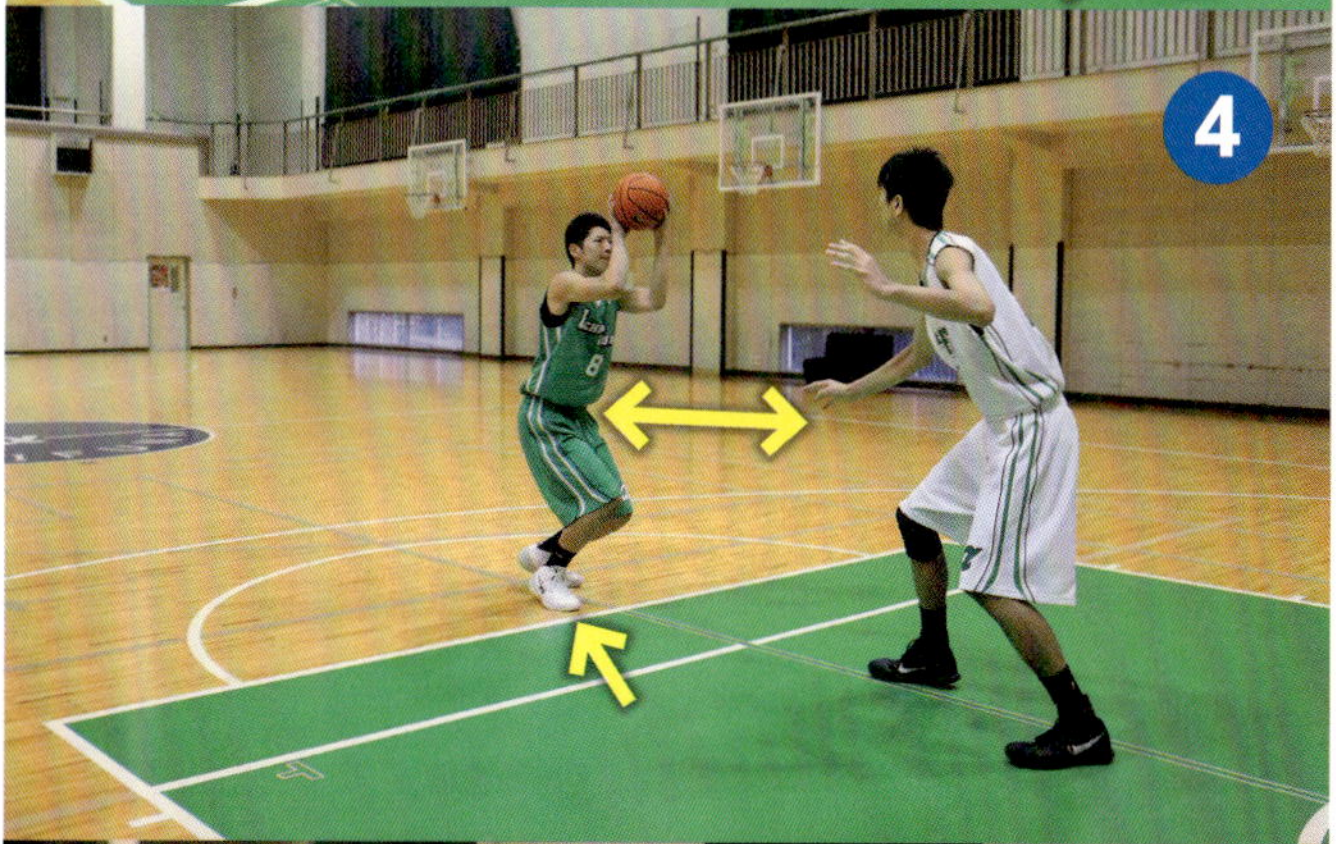

体のバランスを意識してまっすぐ上にジャンプし、ワンハンドシュートを打つ

Point

シュートの打ち方には二つあります。一つはこのページで紹介した片手で打つ「ワンハンドシュート」で、もう一つが次のページで紹介する両手打ちの「ツーハンドシュート」です。

両足をそろえる動作を素早く行ってシュート

シュート、パス、ドリブル、何でもできる体勢

フリーフットを動かしながらディフェンスと駆け引きする

ワンハンドシュートとツーハンドシュート

ジャブステップを踏み、間合いを作ってシュートを打つプレーは、ツーハンド（両手）シュートでもできます。ゴールまでボールが届かない女子選手に多い打ち方です。日本国内にはツーハンドのすばらしいシューターがたくさんいますが、ワンハンドのほうが1対1ではメリットがある、といえます。

このプレーでいえば、フリーフットを引き戻してシュート体勢に入ったとき、両足がきれいにそろっていないとツーハンドは安定しません。一方、ワンハンド（前ページ）であれば、両足が多少前後にずれていてもジャンプしながら上半身で修正しやすいのです。

それだけにツーハンドシュートを打つ選手は、両足をそろえる動作を素早く行う必要があります。

フリーフットを踏み込むことによって、ディフェンスとの間合いができる

ディフェンスとの間合いができたら、すぐさまフリーフットを引き戻しシュート体勢に

体のバランスを意識してまっすぐ上にジャンプし、ツーハンドシュートを打つ

Point

ワンハンドシュートでも、このツーハンドシュートでも共通していえることはまっすぐ上にジャンプすることです。着地したときに、ジャンプを始めたところにしっかりと戻っているか確認してみるといいと思います。

基本レッスン──シューティングドリル①

椅子に座ったままシュートを打つ

シューティングを5段階に分けて行います。そのうちの第1段階が椅子に座ったまま打つシューティングです。このように下半身を使えない状態にすることによって、上半身が正しく使えているか確認することができます。肩がのけぞらないように気を付け、肩を支点にボールに高いアーチがかかるように意識してシュートを打ってみてください。

肩を支点にしてのけぞらない

チーム練習で行う場合

チーム練習で行う場合には、一つのゴールにつき、3人同時に行うことができます。ゴールのすぐ近く（1～2メートル程度）に椅子を並べて行い、チームメイトのシュートに気付いたことがあったらアドバイスしてあげましょう。

ワンハンドシュート

手首や肘の角度をチェックして構える

肩がのけぞらないようにしてボールを上げていく

腕を真上に伸ばして高いアーチを心掛け、フォロースルーを残す

ツーハンドシュート

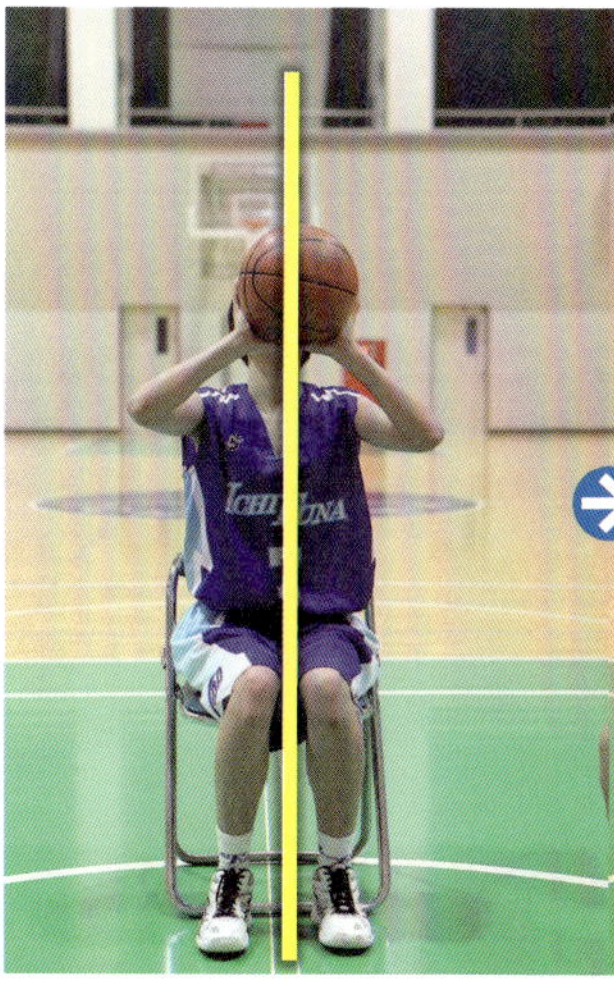

ボールを体の中心で持って構える

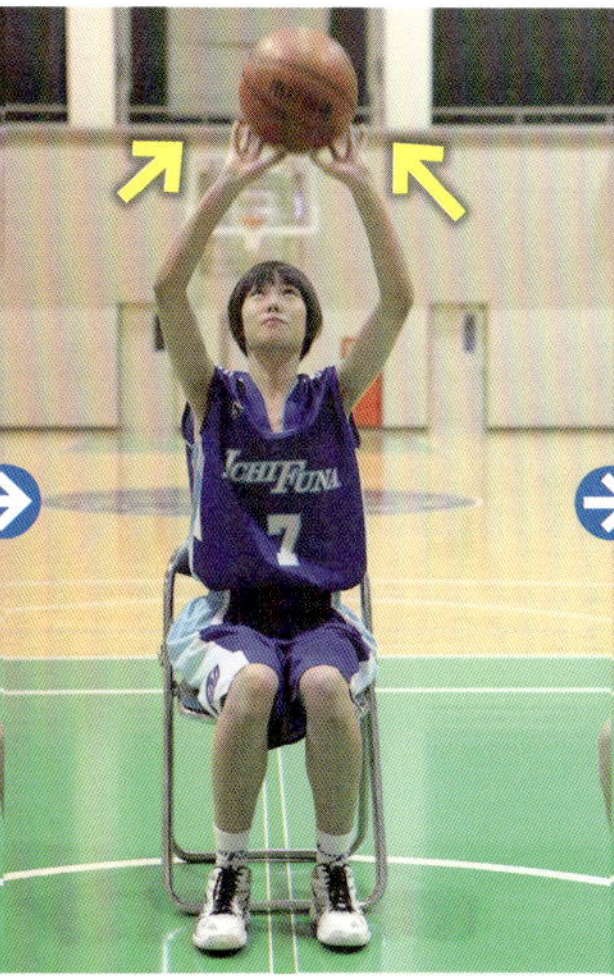

左右の力が同等にボールへと伝わるようにボールを上げていく

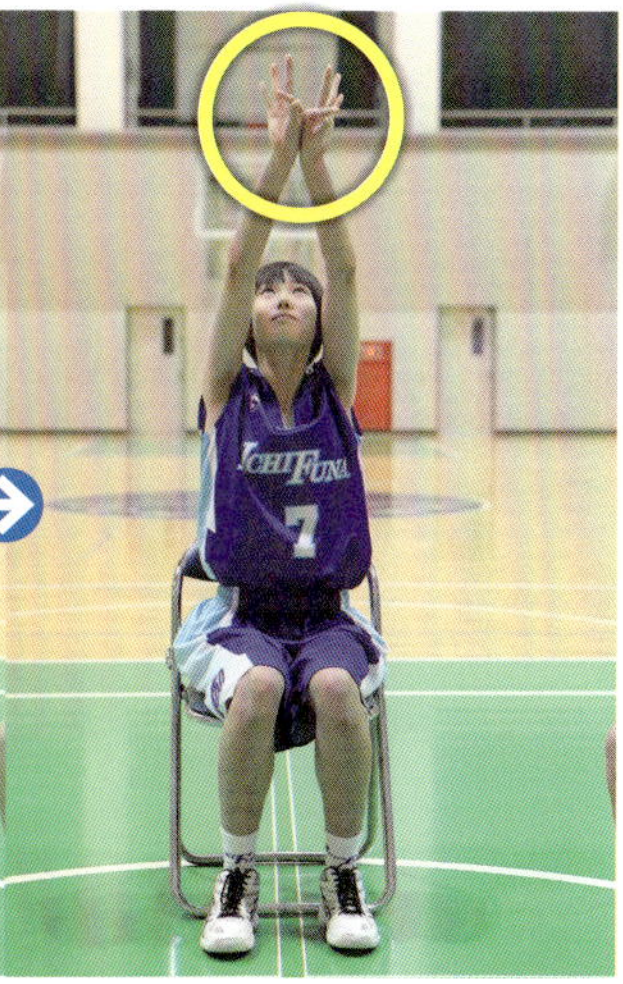

肩がのけぞらないようにし、腕を真上に伸ばして高いアーチをかける。フォロースルーの手は、両手の甲が合わさるようなイメージ

椅子から立ち上がりながらシュート

第2段階は、椅子に座った状態から立ち上がりながらシュートを打つ練習です。下半身からの力を上半身へ、さらにボールへと伝えていくことを意識します。第1段階の「椅子に座ったまま」のシュートが決まるのに、このシュートが決まらない場合は、下半身の使い方に問題があるということです。

下半身と上半身
の力をボールに
下半身からの
力を上半身に

チーム練習で行う場合

第１段階と同様に、一つのゴールにつき、３人同時に行うことができます。ゴールのすぐ近く（１～２メートル程度）に椅子を並べて行いましょう。

ワンハンドシュート

椅子に座って右手でボールを持ち、左手で横からサポートする

下半身の使い方を意識して立ち上がっていく

下半身からの力をボールへと伝えていきながらシュートを打つ

しっかりとフォロースルーを残して、自分のシュートを確認する

ツーハンドシュート

体の正面でボールを持つ

下半身の使い方を意識して立ち上がっていく

下半身からの力を左右均等にボールへと伝えられるように心掛ける

しっかりとフォロースルーを残して、自分のシュートを確認する

パスをしてからキャッチ&シュート

第3段階は、パートナーと一度パス交換してからボールをキャッチして、シュートを打つ練習です。シュートの確率を高めるためには、ボールに逆回転をかける「バックスピン」がポイントです。そして、しっかりとバックスピンがかかったパスを出すことにより、「シュートにおけるバックスピン」を意識することができます。

チーム練習で行う場合

チーム練習で行う場合は、トップ、ウイング（45度）、コーナーと3カ所で同時に行うことができます。ただしそれぞれで打つ感覚が異なるので、いろいろな場所から打っておくようにしましょう。

ワンハンドシュート

ワンハンドシュートの体勢をとる

パートナーに一度、ワンハンドプッシュパス（130 ページ）を出し、バックスピンを意識する

パートナーからのパスを受けてシュート体勢に入る

バックスピンをかけてワンハンドシュートを打つ

ツーハンドシュート

ツーハンドシュートの体勢をとる

パートナーに一度チェストパス（128 ページ）を出し、バックスピンを意識する

パートナーからのパスを受けてシュート体勢に入る

バックスピンを心掛けて、ツーハンドシュートを打つ

横に動いてキャッチ＆シュート

第4段階は、横にステップを踏んでからパスを受けてシュートを打つ練習です。まずはパスを受けたいところに手を出してパートナーに知らせます。これを「ターゲットハンド」といいます。そして両足交互につくストライドストップからシュートを打ちましょう。これを左右行うことによって、左右どちらの足が軸足でもシュートを決めることができるようになります。

ターゲットハンドを
見せてパスを要求

チーム練習で行う場合

第３段階と同様に、チーム練習で行う場合は、トップ、ウイング、コーナーと３カ所で同時に行うことができます。ただしそれぞれで打つ感覚が異なるので、いろいろな場所から打っておくようにしましょう。

ツーハンドシュート

パスを受けたいところにターゲットハンドを見せる

ストライドストップでパスを受ける

バランスが崩れないように気を付けて、しっかりと止まる

コート内のいろいろなところからシュート練習しよう

ワンハンドシュート

3ポイントシュート

第5段階は、これまでの集大成としてシュートの距離を伸ばし、3ポイントシュートを打てるようにします。その際に第1段階の肩を支点にした高いアーチ、第2段階の下半身からの力の移動、そして第3段階のバックスピン、さらに第4段階のようにターゲットハンドを見せて横に動きながら行いましょう。遠くにあるゴールにボールを飛ばそうとすると、シュートフォームが崩れがちになるので気を付けてください。

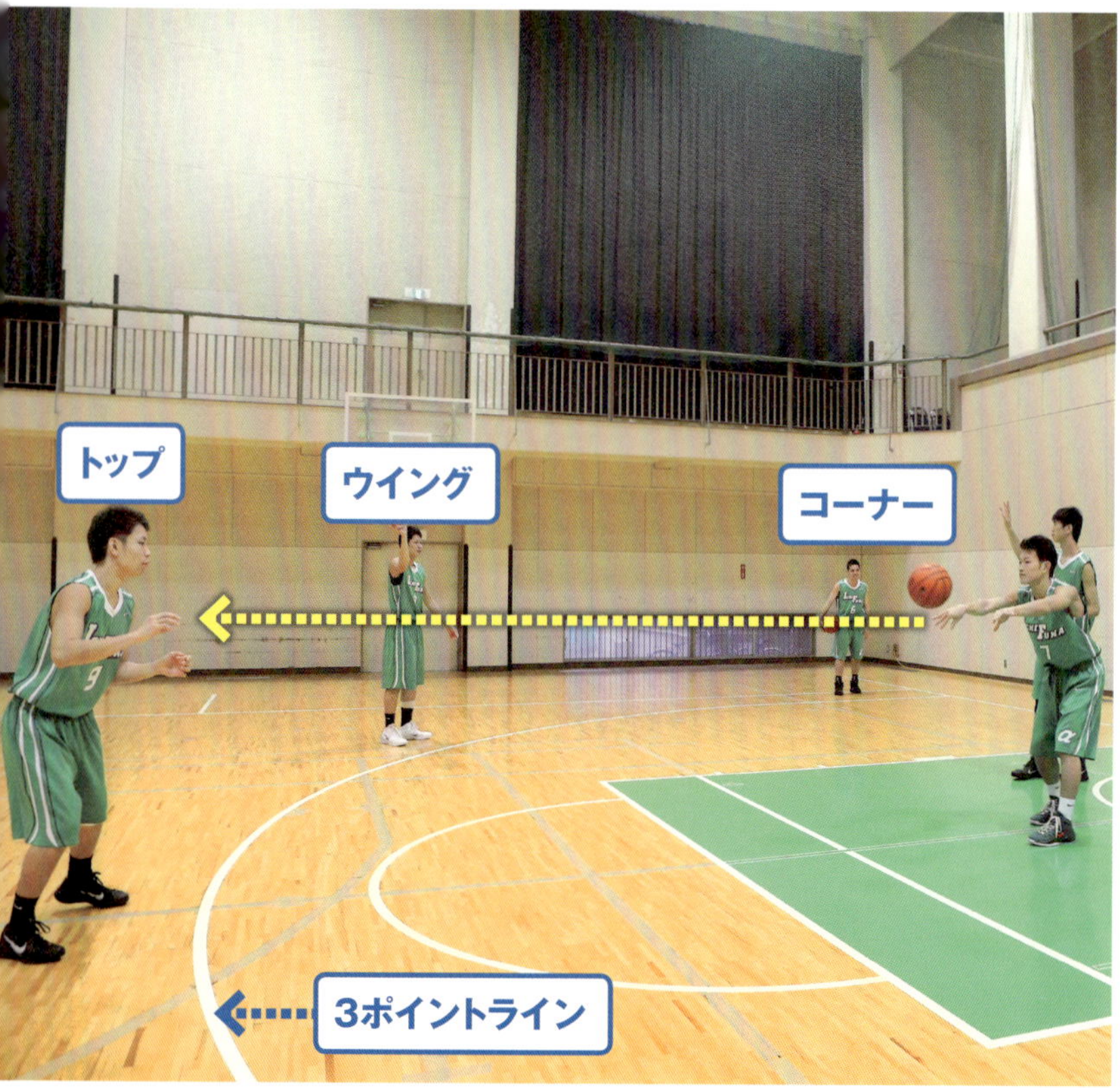

チーム練習で行う場合

第4段階と同様に、トップ、ウイング、コーナーと3カ所で同時に行うことができます。ただし3ポイントシュートを打つ感覚がそれぞれ異なるので、いろいろな場所から打っておくようにしましょう。

ワンハンドシュート

膝や肘を適度に曲げて、ボールを上げていく

下半身からの力をボールへと伝えながら、まっすぐ上にジャンプする

フォロースルーを残し、ジャンプを始めたところに着地する

ツーハンドシュート

ボールを体の中心におき、膝を適度に曲げてセットする

下半身からの力が正確にボールへと伝わるように、左右均等を意識する

両手の甲が合わさるようにフォロースルーを残す

第3章

ドリブルを有効に使う

1対1からのシュートが決まると相手ディフェンスはマークを強めるもの。つまり間合いをつめて、シュートを打たせないようなディフェンスをしてくるのだ。そういうときに有効に使いたいのがドリブル。相手に取られずボールをキープするドリブル、相手を抜き去るドリブル、そして得点へと結び付けるドリブルを備えることによって、1対1の力を飛躍的に高めることができる。

厳しいプレッシャーをかけられても取られない

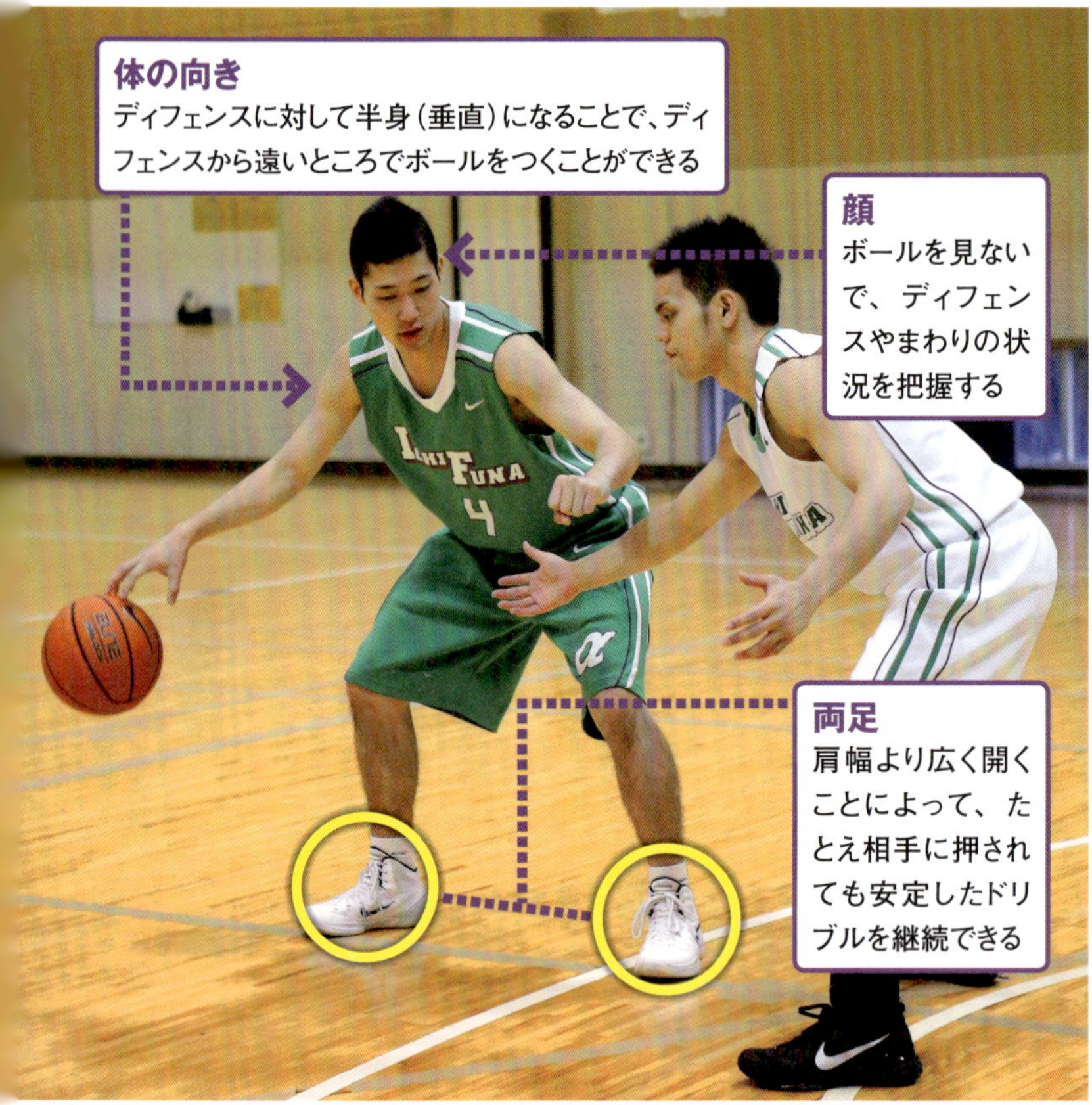
体の向き
ディフェンスに対して半身（垂直）になることで、ディフェンスから遠いところでボールをつくことができる
顔
ボールを見ないで、ディフェンスやまわりの状況を把握する
両足
肩幅より広く開くことによって、たとえ相手に押されても安定したドリブルを継続できる

ドリブルを使う目的を明確に そしてシンプルに試合で発揮

ドリブルにはいろいろなテクニックがあります。それらに興味を持ち練習でトライする意欲は大切ですが、試合では『シンプルにドリブルを組み立てる』ことをおすすめします。実際に、うまい選手ほど難しいテクニックを多用しません。タイミングを見計らったちょっとしたスピードの変化だけで、見事に相手を抜いてしまうのです。

そして大事なのは、ドリブルを使う目的を明確にすることです。

- **ドリブルしながら周囲の状況を把握する**
- **相手のコートへボールを運ぶ**
- **相手を抜き去って得点へとつなげる**

このような狙いをしっかりと持つことによって、ドリブルを有効に活かせるようになります。

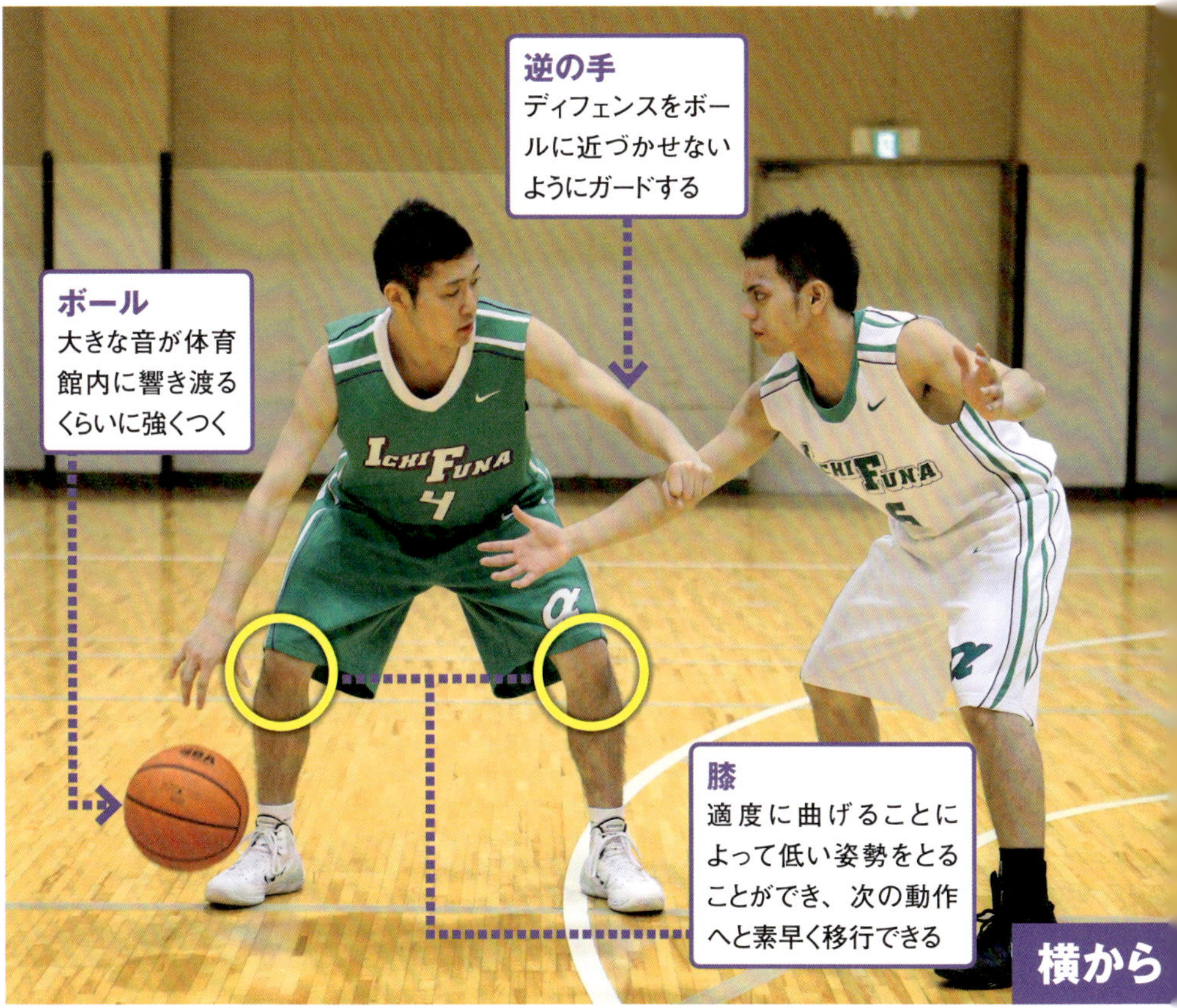
逆の手
ディフェンスをボールに近づかせないようにガードする
ボール
大きな音が体育館内に響き渡るくらいに強くつく
膝
適度に曲げることによって低い姿勢をとることができ、次の動作へと素早く移行できる
横から

NG

逆の手でボールを守らず、体の前でボールをゆっくりと動かしていたらディフェンスに取られてしまうので注意しよう

上下のズレを作りながらスピードを変化させる

ディフェンスの体勢が高くなった瞬間、体勢を低くして抜きにかかる

ディフェンスのすぐ横をすり抜けることによって、相手は対応できない

上体を浮き上がらせながらディフェンスを揺さぶる

素早いドリブルは、1対1を勝つ上で大きな武器となりますが、もっと大事にしてほしいことがあります。それは「スピードの変化」です。相手のコートへボールを運ぶときや、ディフェンスを抜いてシュートを決めるときに、スピードを変化させるのです。これが「チェンジオブペース」です。

ただしドリブルを速くしたり遅くしたりするだけでは、ディフェンスに対応されてしまうもの。そこでおすすめしたいのが、「上下のズレを作る」ことです。つまり、ゆっくりとドリブルしながら上体を浮き上がらせ、ディフェンスを誘うのです。そうしてディフェンスの上体が高くなった瞬間、ドリブルをギアチェンジして一気にスピードアップするのがポイントです。

スピードをコントロールしながら相手陣内にドリブルで進む

ドリブルを継続しながら上体を浮かせ、ディフェンスに揺さぶりをかける

Point

ボールをついている手のほうの足を踏み出すドリブルに加え、逆足（写真では左足）をクロスさせてディフェンスを抜く方法もあります。ディフェンスとボールとの間に体を入れられるだけに、ボールを取られにくいというメリットがあります。

NG

ボールだけを大きく前につき出すとディフェンスに取られてしまうので気を付けよう

左右のズレを作る①

ボールの高さを工夫してディフェンスの手を誘う

　ディフェンスをドリブルで抜こうとすると、相手はドリブルのコースに入って止めようとします。そのようなケースでは、ボールを左右に動かして逆側から抜くドリブルが有効に使えます。このようなドリブルを「フロントチェンジ」といいます。

　相手ディフェンスとの間合いが十分に空いていれば、簡単に体の前でボールを動かせますが、ゴールに近づくほどそうしたドリブルはできなくなります。そういう場合には、ディフェンスを誘う動作をはさむことがポイントとなります。例えば（写真のように）、ボールの高さを調整する。そうすることでディフェンスは手を出して取ろうとします。そのスキをついて、フロントチェンジする、というイメージです。

ドリブルのコースをディフェンスに止められている状況

ドリブルの高さを調整しながらディフェンスを誘う

手を出してくるディフェンスをかわしながら、ボールを逆側に移動させる

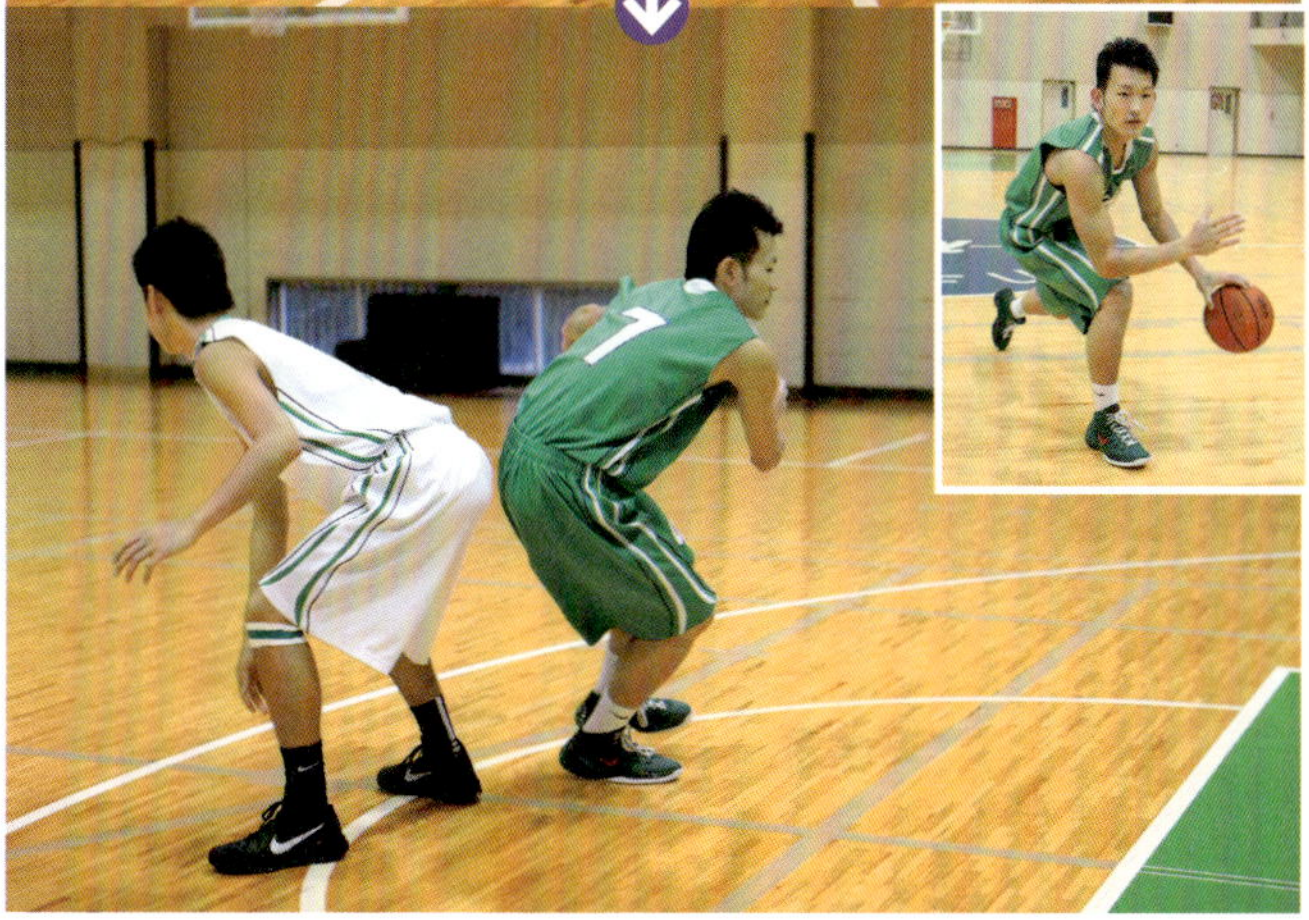

左右のズレを作ることによって、ディフェンスを抜くことができる

NG

ボールを下から支えるような格好になると「ダブルドリブル」のヴァイオレーション（身体接触を伴わない規則違反）となり、相手のボールになってしまう。また、ディフェンスが前にいるのに、高い位置でボールをつくことも危険だ

左右のズレを作る②

大きく開いた両足の中間にボールをつきながら動かす

ディフェンスと十分な間合いがとれているケースでは、フロントチェンジ（前ページ）でボールを左右に動かすことができます。しかしレベルが上がるとともに、ディフェンスからのプレッシャーが強くなり、体の前でボールを動かすことが難しくなってきます。そういうケースでは、大きく開いた両足の中間にボールをつきながら、左右のズレを作る「レッグスルー」が有効に使えます。

そのプレーを読んでいる相手はすかさず手を出してきますが、そうしたらすぐさま逆の手でレッグスルーをします。そのためにはボールを見なくてもスムーズにつけるようにしておくことが大切です。両足の開きが不十分だとボールが足に当たってしまうので気を付けましょう。

Point

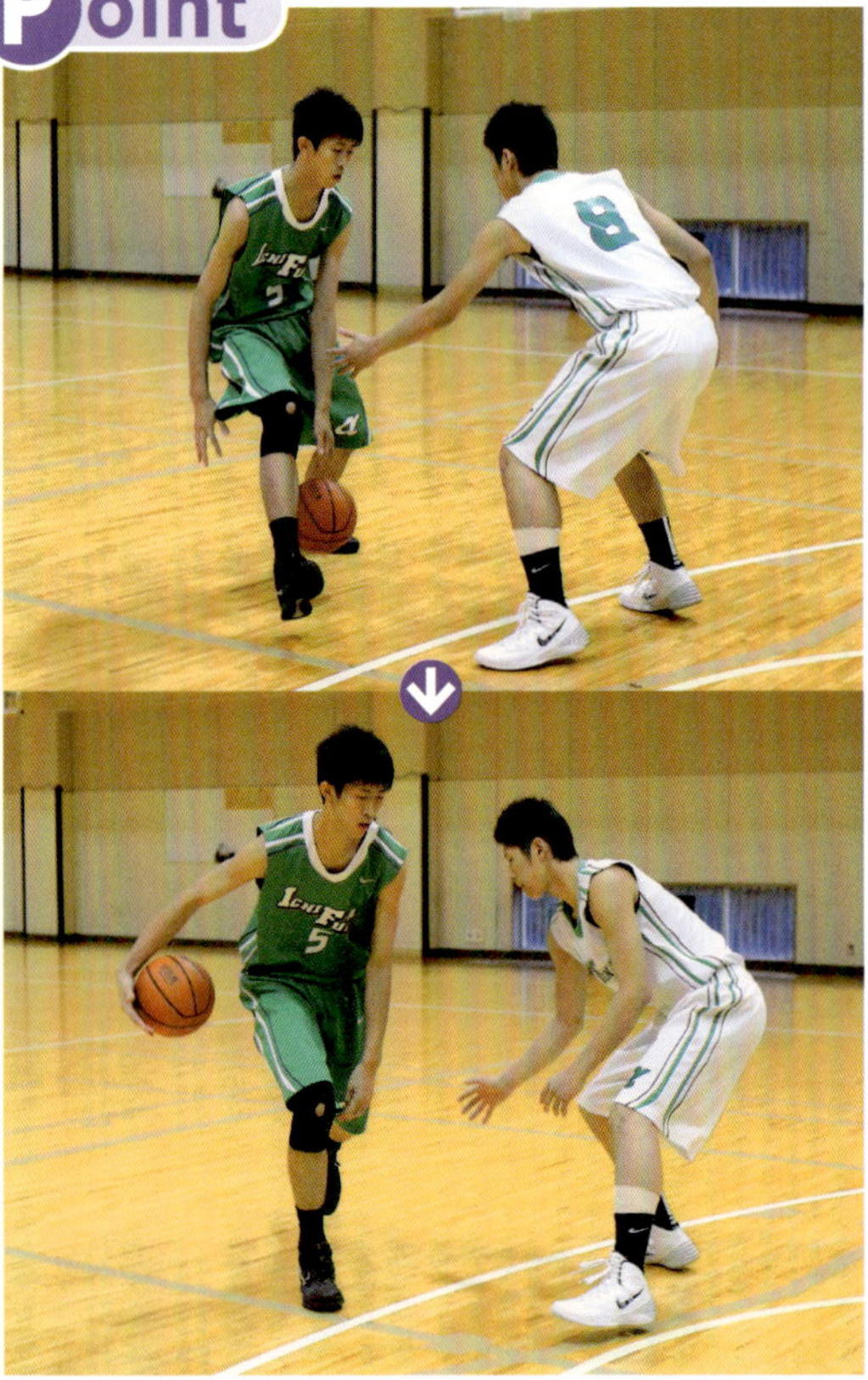

利き手からのレッグスルーだけだとディフェンスに読まれます。そこで逆側からのレッグスルーもできるようにしておくことが大切。ちなみに写真のモデルは、身長2メートルほどのセンターの選手。試合ではあまり使う機会がないプレーも貪欲に練習し、将来を見据えてプレーの幅を広げているのです。

ドリブルのスピードをコントロールしながら、ディフェンスと駆け引きする

足を大きく開きながら、両足の中央にボールをつく

体でボールをガードしながら、逆の手でドリブルを継続する

左右にボールを動かすことによって、ディフェンスを抜くことができる

ボールを守りながらターンして逆をつく

ドリブルのスピードをコントロール
しながらディフェンスと駆け引きする
接触してくるディフェンスに対して
背中を向けながらボールを守る
背中でディフェンスを感じながら、
次のプレーを冷静に判断する
素早くターンして、
逆側にドリブルをつく

相手を背にしながらドリブルを継続し逆側から攻撃を仕掛ける

ディフェンスのプレッシャーがきついケースでは、相手とコンタクト（身体接触）しながらドリブルを継続しなくてはなりません。いわば相手を背にしながらドリブルを継続し、攻撃を仕掛けるタイミングを計る格好になります。

そこからボールをつきながらターンし、逆側から攻撃を展開するドリブルのことを「ロールターン」といいます。ディフェンスとボールとの間に自分の体を入れ、ボールを守るような体勢になる…。それだけにゴールが見えにくくなり、振り向きざまを相手に狙われることが多いので警戒する必要があります。また、このドリブルからすぐにシュートを決めるのは難しいので、いったん体勢を整えてからシュートを狙いましょう。

正面から

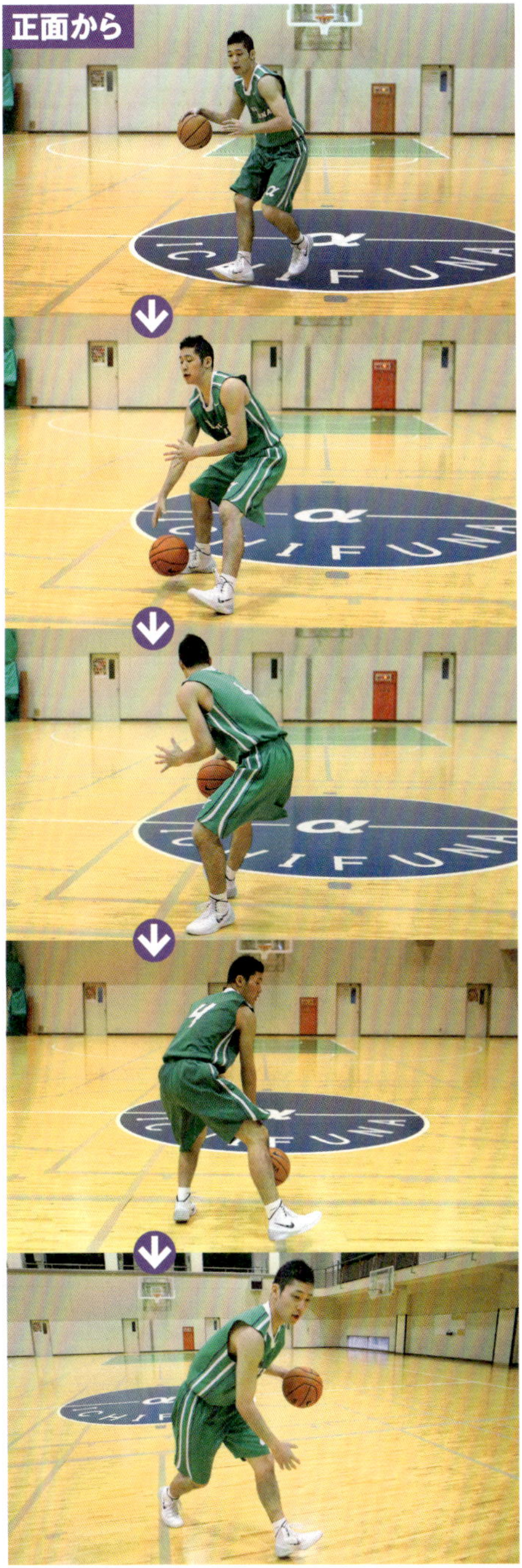

ディフェンスとの間合いを計りながらドリブルする

速やかに逆の手（写真では左手）のドリブルに切り換えて攻撃を展開する

NG

ロールターンした後の振り向きざまをディフェンスに狙われやすいので注意しよう

ドライブするときの攻め方

ボールを動かしながらインラインを空けるようにし、ドリブルを開始する

ディフェンスがボールマンとゴールとの間にポジションをとっている状況

ディフェンスを怖がらず ゴールへの最短距離を狙う

ボールマン（ボールを持っている選手）とゴールとを結んだ架空のラインは「インライン」と呼ばれています。ドリブルからシュートを決めるプレー「ドライブ」を成功させる上では、インラインをいかにつけるかがポイントとなります。なぜなら相手ディフェンスもそのインラインをおさえられるようなポジションどりをしてくるからです。

ゴールへの最短距離を狙うことによって、ディフェンスとのぶつかり合いが生じます。だからといって膨らむようなドライブではインラインをつけず、ディフェンスに対応されてしまいます。したがってぶつかり合うことを怖がらないこと。そのような攻撃姿勢が相手のファウルを誘うのです。

直線的にゴールへと向かうことにより、シュートに持ち込むことができる

ディフェンスのすぐ横のコースをドリブルで抜きにかかる

Point

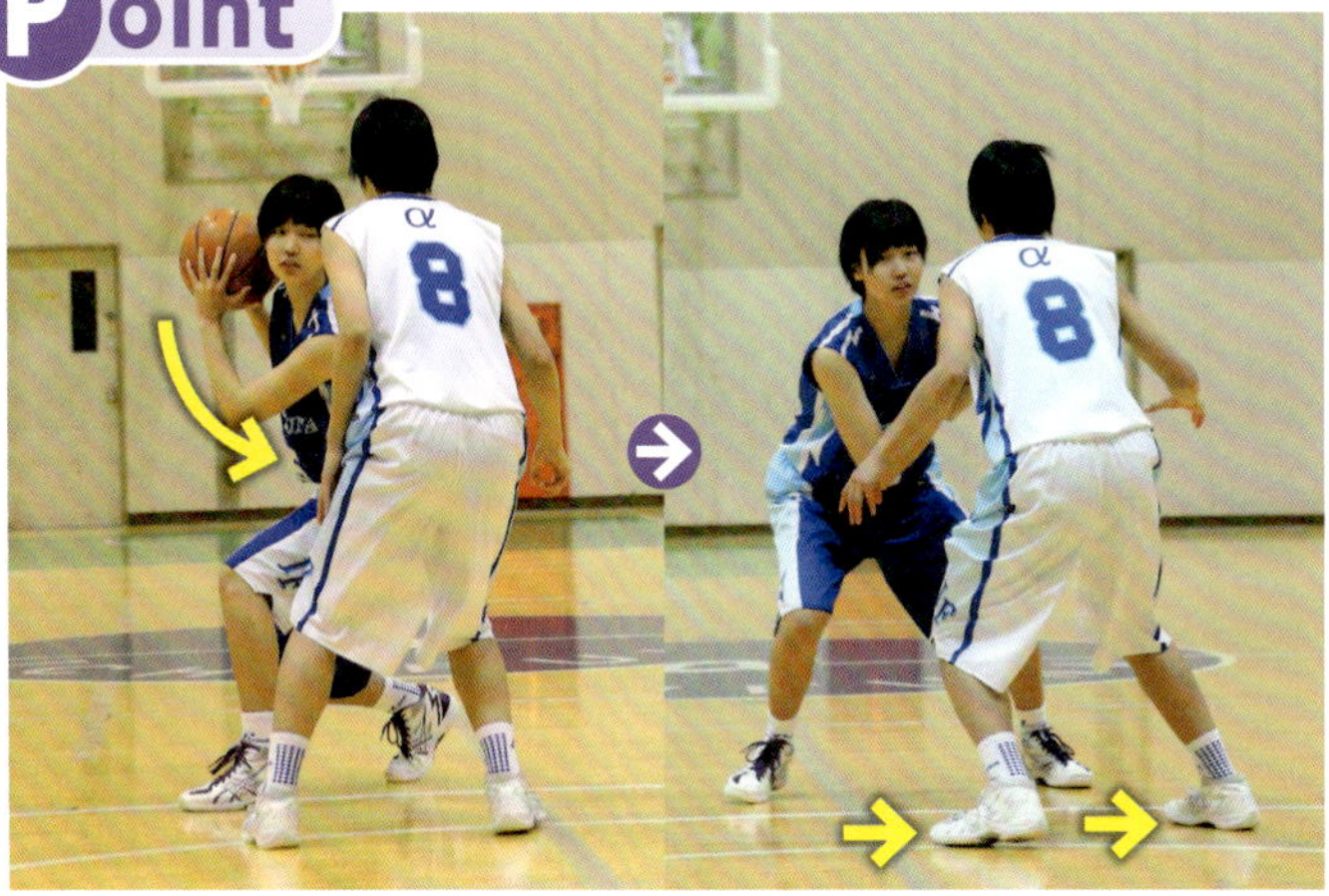

ボールをスイングすることによって（28 ページ）、ディフェンスの重心が動き、インラインが空きやすくなる

上下のズレを作る

シュートを打つ素振りを見せて、ディフェンスの上体を浮き上がらせる

ディフェンスの体勢が高くなったスキをついて、低いドリブルへと転じる

インラインをつき、ゴールへと向かう

打つ素振りを見せてドライブへと転じる

相手ディフェンスは、シュートを打たれることをとても嫌がります。その心理状況を逆手にとるのが、「シュートフェイク」です。シュートを打つ素振りを相手に見せると、ディフェンスは腕を伸ばしてシュートを阻止しようとします。そうしてディフェンスの上体が伸びた瞬間にドライブへと転じ、シュートへと結び付けるわけです。「フェイク」とは、相手をだますということです。それは1対1の駆け引きを優位に進める上でのポイントともいえるプレーです。このシュートフェイクの後、ドリブルしながら「ドリブルフェイク」をすることができますし、パスする素振りを見せて、シュートに転じる「パスフェイク」もあります。

シュート、パス、ドリブル、何でもできるトリプルスレットの攻撃体勢をとる

ゴールを見てシュートを狙う

Point

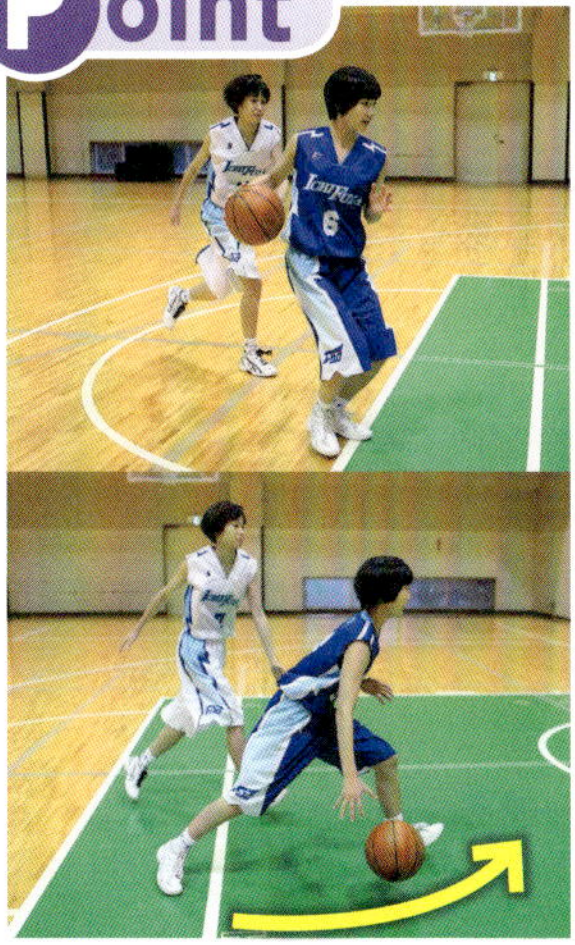

制限区域の付近ではスピードをコントロールすることによって、プレーの選択肢が増えます。つまり、トップスピードで制限区域に入ると、ランニングステップのシュートしか打てないということであり、相手ディフェンスに読まれてブロックされる危険性が高まるということです。

NG

上体が伸びきると次の動作が遅くなってしまうので気を付けよう

バランスを崩さずシュート体勢に

3 上体を高くするディフェンスをかわし、ドリブルをつく

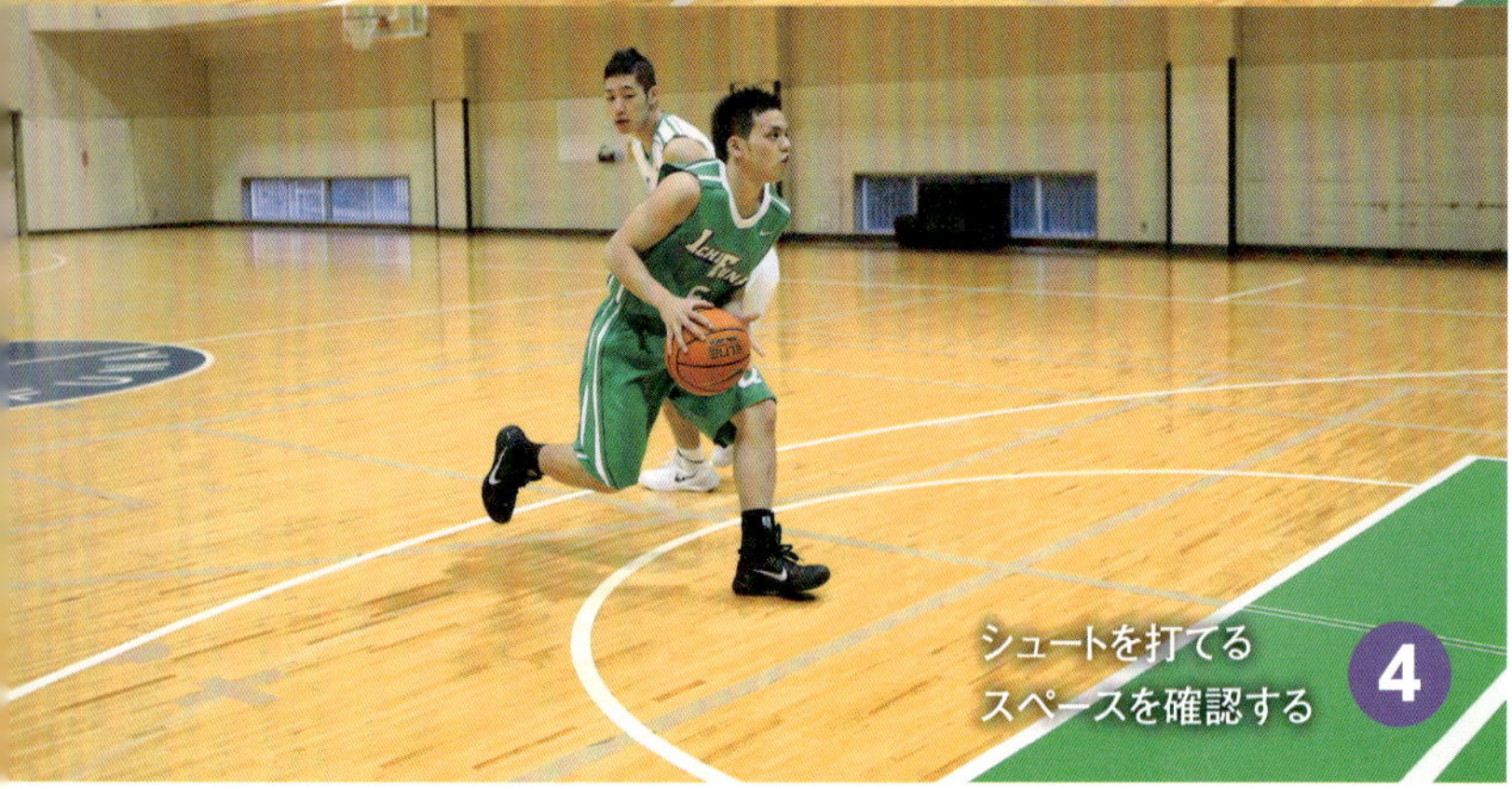

4 シュートを打てるスペースを確認する

体がゴールへと向いていることを強く認識するように

ボールを持ってディフェンスと向かい合ったとき、ワン（一個の）ドリブルをついてシュートに持ち込むプレーがあります。最小限のドリブルからシュートに持ち込めるだけに頻繁に使われますが、体が横に流れるようなシュートは確率が下がります。しっかり止まって、つま先がゴールに向いているか確認しましょう。

「シュートフェイク」からゴール方向にステップを踏むステップインや、逆に後方へステップを踏むシュートであれば、距離を調整することでコントロールできます。ところがドリブルを横につく場合には、体がしっかりとゴールへと向いていることを強く意識して、シュートを打つことがとても大切なのです。

1 シュート、パス、ドリブル、何でもできる攻撃体勢をとる

2 シュートフェイクしてディフェンスを揺さぶる

5 ゴール方向に両足の足先が向くようにして、しっかりと止まる

6 体のバランスを意識して、まっすぐ上にジャンプしてシュートを打つ

NG

両足のつま先がゴール方向に向かないと、体が横に流れてシュートが不安定になってしまう。このような格好になる選手がとても多いだけに、中学生や高校生は、このプレーを慎重に取り入れてほしい

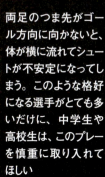

コーンを使ってハンドリング能力を高める

ドリブルを向上させる上でポイントとなるのが、ボールをコントロールする感覚を養うことです。これを「ボールハンドリング」といいます。ボールハンドリングには、止まった状態で行うメニューもありますが、ドリブルの技術を高めるためにはより実戦的に行ったほうが効果的です。そこでカラーコーン（※椅子などでも可）をディフェンスと見立てて、これから紹介するドリブルチェンジを行ってみてください。ポイントはできるだけボールを見ないで行うこと。そして左右両手を必ず練習するようにしましょう。

パターン①

フロントチェンジ

左右にボールを動かすフロントチェンジで、ディフェンス（カラーコーン）を抜いていく

オールコートに６個のカラーコーンを等間隔で２列に並べ、それらをディフェンスと見立ててドリブルしましょう。

パターン② ワンドリブル―フロントチェンジ

フロントチェンジで左右にボールを動かしたら、その場で一度ボールをついてから
再びフロントチェンジを行う

パターン③ 片手でドリブルチェンジ

片手（写真では右手）だけでボールを左右に動かしながら、ディフェンス（カラーコーン）を抜いていく。
体の中から外に出すドリブルをうまくコントロールするのがポイント

パターン④ ワンドリブル―片手でドリブルチェンジ

片手（写真では右手）だけでボールを左右に動かしながら、その場で一度ボールをついてから再び
同じ手でボールを左右に動かす

二つのボールで行うドリブルドリル

次に紹介するのは、二つのボールを使って行うドリブルのドリルです。「二つのボール」と聞くと、二つのボールを同時についたり、交互についたりする「ツーボールドリブル」を思い浮かべるかもしれません。それも大事な基本練習なので、ぜひ取り組んでもらいたいところですが、もう一つ大事にしてほしいのが一つのボールを持ったまま、逆の手で行うドリブルドリルです。こうすることでバランスをとるのが難しくなり、より実戦的になるというわけです。また方向を変える際にボールを持ち替えるなど、ボールハンドリングが高まるメニューになっています。

パターン❶

インサイドアウト

片手（写真では左手）にボールを持ち、もう一方の手（写真では右手）でドリブル

ディフェンス（カラーコーン）との間合いを計りながら、右手のボールを体の中心に動かす

体の中心から外側に向かってつくインサイドアウトドリブルを行う

外側に来たボールを同じ手（写真では右手）で受け止め、カラーコーンの前で同じドリブルを繰り返す

パターン② フロントチェンジ

片手（写真では左手）にボールを持ち、もう一方の手（写真では右手）でドリブルをつきながら、カラーコーンからカラーコーンへと斜めに移動する

カラーコーンに達したら、フロントチェンジで方向転換、持っていたボールを逆の手（写真では右手）に持ち替える

フロアからはね上がるボールを左手でコントロールする

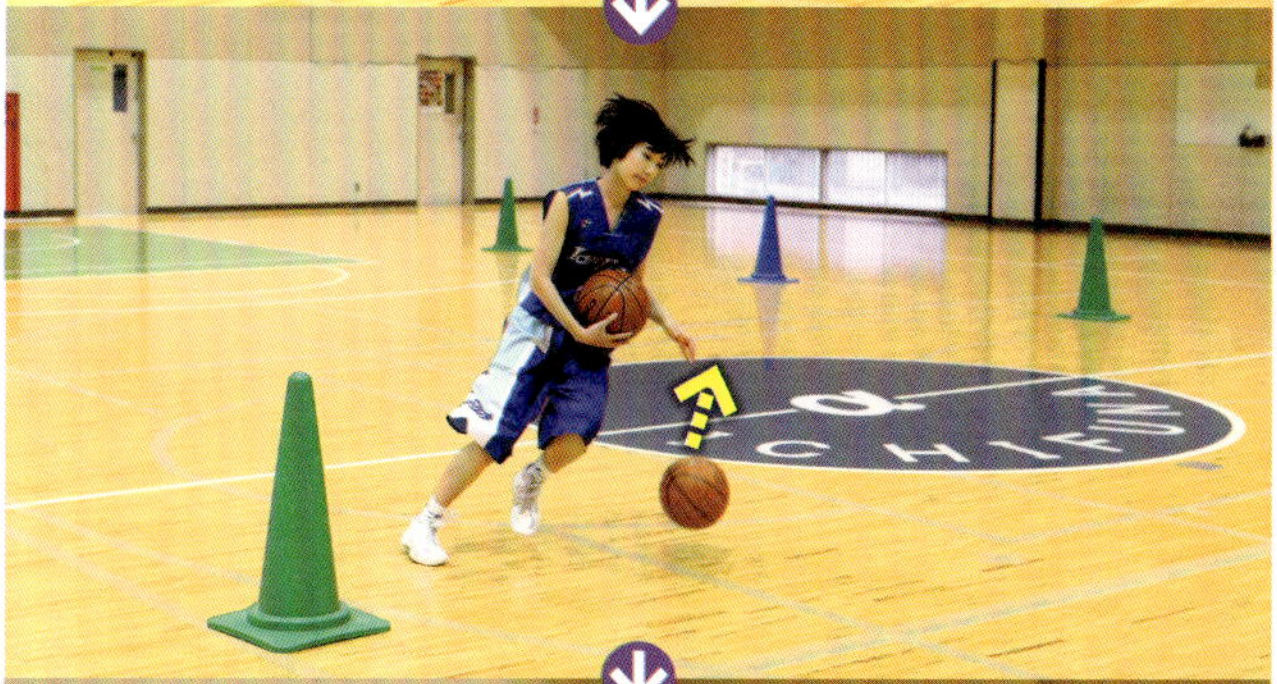

右手でボールを持ち、左手でボールをつきながら逆側のカラーコーンへと進む

パターン③ バックビハインド

片手（写真では左手）にボールを持ち、もう一方の手（写真では右手）でドリブルをつきながら、カラーコーンからカラーコーンへと斜めに移動する

カラーコーンに達したら、ドリブルを継続しながら、ついているボールを体の後ろに持ってくる

体の背後につくバックビハインドドリブルを行う

左手に持っていたボールを右手に持ち替えて、左手でドリブルを行い、逆側のカラーコーンに達したら再びバックビハインドドリブルを行う

パターン⑤

ロールターン

片手（写真では左手）にボールを持ち、もう一方の手（写真では右手）でドリブルをつきながら、カラーコーンからカラーコーンへと斜めに移動する

カラーコーンに達したらストップして、ドリブルを継続する

ロールターンしながらドリブルしてきた手（写真では右手）で一度ボールをつく

ボールを持ち替えて、もう一方の手（写真では左手）でドリブルを行い、逆側のカラーコーンに達したら再びロールターンを行う

パターン④

レッグスルー

片手（写真では左手）にボールを持ち、もう一方の手（写真では右手）でドリブルをつきながら、カラーコーンからカラーコーンへと斜めに移動する

カラーコーンに達したら、両足を前後に開き、レッグスルードリブルを行う

レッグスルードリブルをすると同時に、左手に持っていたボールを右手に持ち替える

左手でドリブルを行い、逆側のカラーコーンに達したら再びレッグスルードリブルを行う

基本レッスン――スプリットドリブル

２人のディフェンスの間を割る

自陣、センターライン、そして相手陣内にそれぞれカラーコーンを二つずつ置き、それらをディフェンスと見立てて抜いていくドリブルドリルです。自陣ではスピードに乗ったボール運びを意識し、相手陣内では左右のズレを作ることを意識し、ドライブしてシュートまで持ち込みます。このドリルの最大のポイントは、センターライン上に置かれた二つのカラーコーン（２人のディフェンス）の間を割るドリブルです。実際に試合で、ボールを運ばせないようにダブルチーム（２人がかり）でプレッシャーをかけてくるチームが少なくないだけに、それを想定して練習しておくわけです。

パターン❶

左右のズレを作って抜いていく

センターラインに置かれた二つのカラーコーンにドリブルで向かう。左から右に進むと見せて、二つのカラーコーン（ディフェンス）の間を割る

体勢を低くしていき、低いドリブルをつく

低い姿勢のまま、一気にスピードに乗り、相手陣内に入る

体勢を整えて、スピードをコントロールする

パターン②

上下のズレを作って抜いていく

センターラインに置かれた二つのカラーコーンにドリブルで向かう

上体を浮かしながら、ディフェンス（カラーコーン）と駆け引きする

フロントチェンジを行いながら体勢を低くしていく

ディフェンス（カラーコーン）の手が届かない、低い位置でボールをコントロールする

体勢を整えて、スピードをコントロールする

ーションを

第4章

シュートバリエ
備える

ゴールから離れたところでシュートを打つよりゴールの近くまでドリブルしたり、走り込みながらパスを受けたほうが高い確率でシュートを決められる。だが相手ディフェンスも簡単には得点させまいと、マークを強めてくる。特にゴール近辺では、大きな選手がブロックしてくるケースが多い。それをかわすことができるシュートテクニックやステップワークを身に付けよう。

多彩なシュートテクニックを身に付けよう

2歩目のステップを左足で踏むときにも、ボールをディフェンスに触られないように気を付ける

ボールをバックボードにそっと当ててシュートを決める。逆サイドから左手でシュートを決める場合には、ステップの足を左右変えて行う

レイアップシュートからいろいろなテクニックを

相手ディフェンスを完全に抜き去ったあと、確実にシュートを決める基本プレーとして「レイアップシュート」があります。右手で打つなら、右足、左足と「1、2」のステップ。左手で打つなら左足、右足と「1、2」のステップで打つのが基本です。

しかし、このプレーだけを練習することが基本のすべてではありません。なぜなら相手ディフェンスを完全に抜き去れない状態でシュートを打つこともあるからです。

そこで、いろいろなシーンに対応し得るシュートテクニックやステップワークをこの章では紹介していきます。その前に試合で簡単なシュートミスをしないように、まずはレイアップシュートの基本を確認しておきましょう。

ディフェンスから遠いほうの手（写真では右手）でドリブルしながらゴールへと向かう

1歩目のステップを右足で踏むと同時に、ボールを顔の横、肩の上あたりに持ってくる

NG

ステップを踏んでいるときにボールをディフェンスのいるほうに持っていくと、取られてしまうので注意しよう

レイアップシュート②

ボールを上げて相手に取られない

右足で1歩目のステップを踏む

左足で2歩目のステップを踏む

ボールをバックボードに当ててシュートを決める

相手側にボールがあると狙われやすい。そこで…

レイアップシュートを打つときには、相手ディフェンスにボールを取られたり、ブロックされないようにいろいろな工夫をしなくてはいけません。

特にステップを踏みながらシュートに持ち込むときのボールを上げようとするところは、ディフェンスに狙われやすいタイミングです。そこでステップを踏む前にボールを頭上にあげておき、そのままシュートを打てる体勢を作ることをおすすめします。

通常のレイアップシュート（前ページ）とは違う体勢となるだけに、頭上にあるボールをそのままシュートすることに練習で慣れておきましょう。

ディフェンスから遠いほうの手（写真では右手）でドリブルしながらゴールへと向かう

ステップを踏みながら空中でボールをつかみ、高く上げてキープする

ディフェンスの手が届かないところでボールを持ちながら、ゴールへとステップを踏む

Point

逆サイドから左手でシュートを決める場合には、ステップの足を左右変えて行いましょう。

NG

ボールを上げるとき、どちらかの足がフロアに付いていないように気を付けよう。そこから2ステップを踏むとトラベリングになるからだ。空中でボールをつかむことを忘れずに!

逆足の踏み切りでブロックをかわす

ステップの足を変えるだけで、ディフェンスはブロックのタイミングをとりにくくなる

体のバランスが崩れないように注意して確実にシュートを決める

基本型とは逆のステップが有効に使える理由とは

レイアップシュートを右手で打つなら右足・左足、左手なら左足・右足のステップで打つのが基本ですが（74ページ）、それを逆にするプレーが有効に使えます。

その目的の一つは、ディフェンスのブロックのタイミングをずらすこと。通常とは違うステップの踏み方をすることで、どう対応していいか相手を戸惑わせることができるのです。

そしてシュートを打てなかったときの「体の向き」も大事なポイントです。（74ページの）レイアップシュートの基本型で止まると、ゴールを背にする格好となります。が、このステップであればゴールを正面にして止まることができます。つまり次の攻撃を展開しやすいというメリットがあるわけです。

ディフェンスから遠いほうの手（写真では右手）でドリブルしながらゴールへと向かう

左足で大きく1歩目を踏み込みながら、ディフェンスに対して体を入れる

右足で2歩目をゴール方向へと踏み込み、シュート体勢に入る

Point

最大のポイントは1歩目を大きく踏み出すことですが、ボールをつかんだときの一歩目が（写真のプレーでは）右足にならないように注意してください。そこから2ステップを踏むと、トラベリングになるからです。

逆手のシュートでブロックをかわす

左足で2歩目を踏まず、そのまま左手でシュートに持ち込む

ディフェンスにとってはブロックのタイミングを外された格好だ

ワンステップでしかも逆手でレイアップシュートを決める

ここまでに紹介したレイアップシュートは、2歩のステップからシュートに持ち込むプレーでした。これらができるようになったら、ワンステップ（1歩）でレイアップシュートに持ち込むプレーにも挑戦してみましょう。こうすることでディフェンスのブロックのタイミングを外すことができます。

このプレーでは、ディフェンス側の手（写真では左手）のシュートのほうが打ちやすいかもしれません。体が流れず、ゴール方向へと体を向けやすいからです。しかもディフェンスにとってはゴールが邪魔で、ブロックしにくいという特性がこのシュートにはあります。ただし練習ではワンステップからどちらの手でもシュートを打てるようにしておいてください。

Point

ドリブルをやめて、ボールをつかむ

右足で１歩目のステップを踏む

ゴールへと大きく１歩を踏み込んでレイアップシュートを打つことが難しい場合には、２歩のステップからの逆手シュートで慣れてください。そうしてできるようになったら１歩の逆手シュートに挑戦しましょう。

レイアップシュートから切り換えてブロックをかわす

早めのタイミングで打ち 高い弧をボールに描かせる

横からマークしてくるディフェンスや、ゴール下で構える相手センターのブロックをかわす上で、注目されているプレーが「フローター」です。早めのタイミングで、しかも高い弧をボールに描かせることによって、相手ディフェンスのブロックを外しやすいというメリットがあります。

ただし体が流れる場合が多く、シュートの軌道調整も簡単ではないだけに、高難度のシュートテクニックといえます。それだけにまずは、相手から逃げるようにしてプレーするのではなく、ステップワークを工夫しながらのレイアップシュートを優先しましょう。そのほうが確実ですし、相手ディフェンスのファウルを誘える可能性もあるからです。いざというときのために、フローターの技術を備えておきましょう。

左足でステップを踏みながらレイアップシュートを狙う

ディフェンスがブロックに来るのを確認し、フローターへと切り換える

ボールをフワリと浮かせて、ディフェンスのブロックをかわす

Point

左右交互にステップを踏むストライドストップからのフローターだけでなく、両足を同時に着地させるジャンプストップから打つ方法もあります。シュートを打つタイミングは遅くなりますが、このほうが体を安定させやすいというメリットがあります。ただし、相手ディフェンスのブロックを避けられるように、十分な間合いをとる必要があります。

ディフェンスから遠いほうの手（写真では右手）でドリブルしながらゴールへと向かう

ディフェンスとの間合いを把握し、シュートの打ち方を冷静に判断する

背後にあるゴールに決める

ゴールの逆側に回り込みながら、1歩目（写真では左足）のステップを踏む

ディフェンスから遠いほうの手（写真では左手）でドリブルしながらゴールへと向かう

ゴールが見えにくくなるだけに難度の高いシュート

（74ページの）レイアップシュートを打ちたいのに、相手ディフェンスが追走しているときには、ゴールを通過して逆側から決めることができます。これを「バックシュート」といいます。このシュートでは、ドリブルを継続しながらゴールの逆側に回り込み、背後にあるゴールにシュートを打つ格好となります。

ゴールが見えにくくなるだけに、難度の高いシュートになりますが、バックボードの角に確実にボールを当てれば決まるようになるはずです。走り込む勢いも計算に入れ、どこでジャンプすればバックシュートが決まるか感覚をつかんでおきましょう。

最後までゴールから目を離さず、正確にバックボードに当ててシュートを打ちきる

ベースライン側の手（写真では左手）でシュートに持ち込む

2歩目（写真では右足）のステップを踏みながら、ゴールを見て狙いを定める

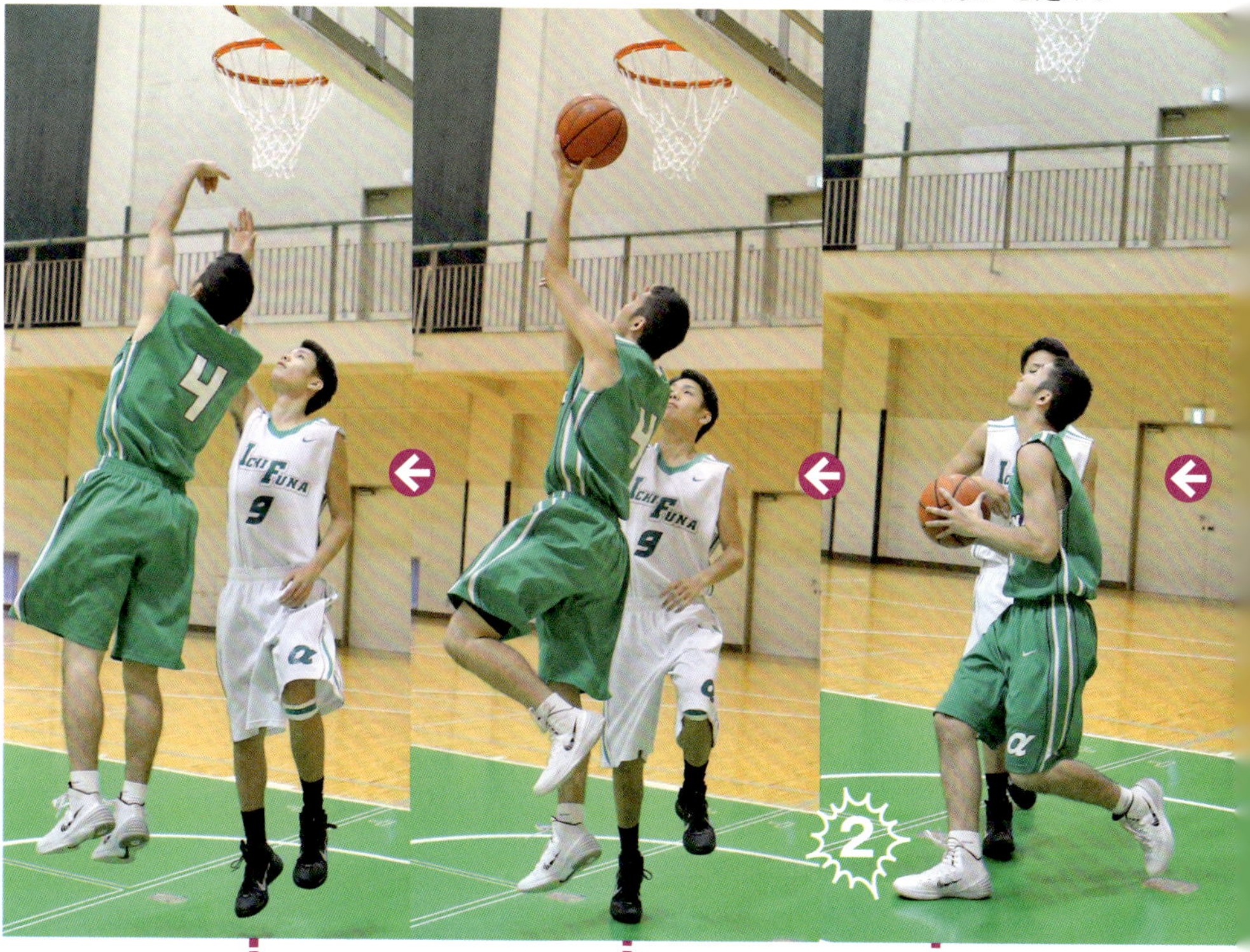

Point

このプレーでは、ゴール下からディフェンスがマークするため、ベースライン側の手でバックシュートを打つ格好となっています。逆にベースライン側からディフェンスがブロックを狙っているケースでは、逆の手（右手）のバックシュートとなります。

体を安定させてプレーの選択肢を広げる

両手で一度だけボールをつく

パスを受けてからシュートに持ち込むときに、有効に使えるのが「パワードリブル」です。何度でもボールをつける通常のドリブルとは違い、このパワードリブルは両手なので一度だけしかボールをつくことができません。したがってドリブルで突破するというより、ボールをバウンドさせて、ボールマンにとって有利な状況を作る意味合いが強いプレーといえます。

通常のレイアップシュート（74ページ）だと、ランニングステップのため、別のプレーへと切り換えることが難しい…。ところがパワードリブルだと、一度ボールをバウンドさせることによってバランスのいい体勢で止まることができ、パスを含めたいろいろなプレーへと切り換えられるのです。

跳ね返ってきたボールを体の中心でキャッチする

ジャンプストップでゴール近くにポジションをとる

シュートかパスかを冷静に判断する

ゴール方向に走り込みながらパスを受けるタイミングを計る

ジャンプしながらパスを受ける

パワードリブルをついたあと、ボールを前に出すと、ディフェンスに取られてしまうので気を付けよう

ディフェンスとの間合いを計り、プレーを判断する

低い姿勢をとり、両手で両足の中心にボールをつく

ユーロステップ

左右に大きく移動してディフェンス網を突破

ボールをディフェンスの手の届かないところに置き、逆側に移動する

インラインをおさえて対応するディフェンスとの間合いを計り、1歩目（写真では右足）のステップを踏む

インラインをつき、ゴールへとドリブルで進む

空いているスペースを見付け 大きくステップを踏む

ヨーロッパのトッププレーヤーがよく使うことから名づけられた「ユーロステップ」は、空いているスペースを見付け、大きくステップを踏んでからシュートを打つプレーです。ゴールに直線的に向かってシュートを打つというより、左右への身のこなしからディフェンス網を突破するイメージが強いプレーといえます。

1対1に強いディフェンスを相手にしたときに使えるプレーであり、またディフェンスが2人以上いるときにも使えます。つまり最初のステップで自分のマークマンを振り切り、ヘルプディフェンスが寄ってきたら2歩目のステップでかわすわけです。ただし片足で体を支える難しさがあるので、バランスを意識して使ってください。

ノーマークの状態でレイアップシュートに持ち込む

体のバランスが崩れないように注意する

ディフェンスから大きく離れられるように、2歩目（写真では左足）のステップを踏む

ボールを左右に動かすときに、体の正面で動かすとディフェンスに取られてしまうので気を付けよう

最後のワンステップで体の向きを変える

ジャンプしながら大きくステップを踏むことによってディフェンスから離れることができる

2歩目はジャンプストップでしっかりと止まる

体勢が崩れないように気を付けて、シュートに持ち込む

最後は両足で止まるジャンプストップを

（前ページの）ユーロステップと同様、このギャロップステップも大きなステップでディフェンス網を突破しシュートに持ち込むプレーです。相手ディフェンスが2人いても有効に使えるステップであることも共通点ですが、ユーロステップと違うのは、ステップを踏みながら体の向きを変えること。そして片足ずつのステップではなく、最後は両足で止まるジャンプストップが基本となることです。

　中にはドリブルしてから空中でボールをつかみ、左右の足を交互につくストライドストップで行う選手もいます。それも正しいプレーですが、トラベリングをとられやすいだけに、両足同時につくジャンプストップを習慣にすることをおすすめします。

ディフェンスから遠いほうの手（写真では左手）でドリブルする

ディフェンスとの間合いを計り、プレーを冷静に判断する

ボールを頭上にあげながら、ステップを踏み体の向きを変えていく

NG

体の前でボールを動かすと、ディフェンスに取られるので注意しよう

基本レッスン――制限区域付近のシュート①

ゴール下のポストムーブ

ゴールに近いエリアでパスを受けて、確実にシュートを決められるように練習しましょう。写真のようにディフェンスやゴールを背にするプレーは、「ポストプレー」といいます。身長やジャンプ力を活かした高さが武器になりますが、だからといってゴール下で止まって待っているだけではパスをもらえません。逆サイドからボールサイド（ボールのある側）に動いてパスを受けることがポイントです。

ボールマンはウイングにポジションをとり、逆サイドのゴール下で1対1の状況を作る

ゴール下の選手がボールサイドに動き出す

ゴール下で確実にパスを受ける

ディフェンスに対して低い姿勢をとり、ボールを顔の横に置いて取られないように構える

リバースターン（写真では右足を引くステップ）でゴールに正対する

ディフェンスとの間合いを作り、ジャンプシュートを決める

フロントターン（写真では左足を前に出すステップ）だとディフェンスにプレッシャーをかけられて間合いを作ることができない

基本レッスン——制限区域付近のシュート②

体の強さを活かしてシュートコースを作る

ゴールに近いエリアで活かされるのは、身長の高さだけではありません。「体の強さ」が活かされる状況もあります。(前ページの) ポストプレーでも体の強さは必要ですが、特にディフェンスとのコンタクト（身体接触）が激しい状況で求められます。そこでゴール下の角度のないところからパワードリブル（86ページ）をつき、ディフェンスに当たり負けせず、シュートを決める練習をしておきましょう。

パワードリブル（86 ページ）をつきながら、ディフェンスとコンタクトする

ゴールとベースラインの間、すなわちシュートの角度がない状況

NG

ディフェンスを手で押し出すような格好になると、攻撃側のファウルをとられるので注意しよう

ディフェンスにお尻を付けながらジャンプしてシュートを打つ

体の強さでシュートを打つ角度を作る

基本レッスン——制限区域付近のシュート③

ステップの速さでパワーシュートに持ち込む

高さ、強さ、そして次に目を向けてほしいのが「ステップの速さ」です。制限区域付近で、素早くステップを踏み、シュートを打てるスペースを確保するということです。つまりゴールに近いエリアでは、高さ、強さ、速さ、どれを活かしてプレーするべきか冷静に判断する必要があるというわけです。そのためにも（写真のように）素早いステップからパワーシュートを決められるように練習しましょう。

制限区域付近でパスを受けた状況

ディフェンスの上体が浮き上がったスキをつき、素早いステップでゴールへと向かう

シュートフェイク（60 ページ）でディフェンスに揺さぶりをかける

NG

ディフェンスとのコンタクトを嫌がり、楽にシュートを打とうとするとブロックされてしまう

ディフェンスとコンタクトするパワーシュートを選択する

ディフェンスとの間合いを確認し、シュート体勢に入る

基本レッスン——制限区域付近のシュート④

ステップバックしてシュートを打つ

ドリブルでゴールへ近づこうとすると、相手ディフェンスはコースに入って対処してきます。そういうときに強引にゴールへと向かうべき状況と、そうではない状況があります。もし後者なら、後方にステップを踏む「ステップバック」からシュートに持ち込むこともできます。大きくステップバックした後、まっすぐ上にジャンプしてシュートを決められるように反復練習してください。

インラインをつくドリブルに対してディフェンスがコースをおさえている状況

1 ディフェンスとコンタクトしながら一方の足（写真では左足）を踏み込む

2 踏み込んだ足でフロアを強く蹴って大きく下がる

体のバランスを崩さず、ディフェンスの状況を把握する

ゴールに正対してしっかりと止まる

後方にステップを踏む直前、ディフェンスとコンタクトした際に、相手を手で押すと攻撃側のファウルとなるので気を付けよう

まっすぐ上にジャンプしてシュートを決める

基本レッスン——制限区域付近のシュート⑤

ボールをフワリと浮かしたフックシュートを打つ

ゴールに近いエリアで、絶対的な武器となるのが、ボールをフワリと浮かせて相手ディフェンスのブロックをかわす「フックシュート」です。小さい選手が大きな選手のブロックをかわすためだけでなく、大きな選手が自らの高さを活かす上でも有効に使えます。ただしゴールやディフェンスに対して半身の体勢をとり、片手でシュートを決めるのは簡単ではありません。何度も練習してシュートの感覚をみがいてから試合で使いましょう。

ドリブルしながらゴールに向かっている状況

ゴールとディフェンスに対して半身の体勢をとる

ディフェンスとコンタクトしながら、次のプレーを冷静に判断する

Point

ボールをついているときに、インラインが空いている場合には、ゴール方向に「縦足（写真では右足）」を出し、シュートを打てるスペースを確保。そうすることで、より確率の高いシュートを打つことができます。

ボールをフワリと浮かせて、フックシュートを打つ

ボールを持たないほうの手（写真では左手）でディフェンスのブロックをさえぎる

ディフェンスから遠いほうの手（写真では右手）でボールを上げていく

第5章

2対2の攻略法

ボールをもらったもののシュートを打てなかったり、1対1でドリブルをついてからもシュートチャンスを作れないことがある。そういう状況では、チームメイトとのコンビネーションプレーで、攻撃の突破口を開くことができる。「2対2」という文字どおり、2人のディフェンスに対し、2人で攻撃する戦術を練習で用意しておくことで、試合でシュートチャンスを作ることができるのだ。そのための鍵を握るプレーが「パス」である。

チームメイトと協力して局面を打開しよう

パスアンドラン

シュートを打てないとき、いったんチームメイトにパスして、空いているスペースに走り込む攻撃法。そこでパスを受けてシュートを打てる

➔136ページへGo!

三つの攻略法を使い分けて2対2を展開する

「2対2」の攻略法は大きく分けて、三つに整理することができます。一つは走りながらパスの受け渡しをスムーズに展開する「パスアンドラン」です。

　二つ目がドリブル突破で2人のディフェンスを引き付け、空いているチームメイトにパスを合わせる「ドライブからの合わせ」。そして三つ目が「スクリーンプレー」です。スクリーンとは、攻撃側の1人の選手が壁となって立ち、ディフェンスの動きを邪魔する攻撃法を意味します。

　選手の特性やチームスタイル、そして試合状況や相手ディフェンスの対処の仕方によって、これらの攻撃を上手に使い分けることが大切です。次ページからそれぞれの攻略法を細かく見ていきましょう。

ドライブからの合わせ

ボールマンがドリブルでゴールに向かう「ドライブ」で仕掛ける。ヘルプディフェンスが寄ってきたとき、ディフェンスのマークが外れたチームメイトにパスする攻撃法

次のページへGo!

スクリーンプレー

攻撃側の一人の選手が壁となって立ち、ディフェンスの動きを邪魔する攻撃法。ボールマンがスクリーンを使う方法と、スクリーナー（スクリーンとして立つ選手）がボールを持つ方法がある

112ページへGo!

ドライブからの合わせ①ダイブ

ゴール方向に走り込む

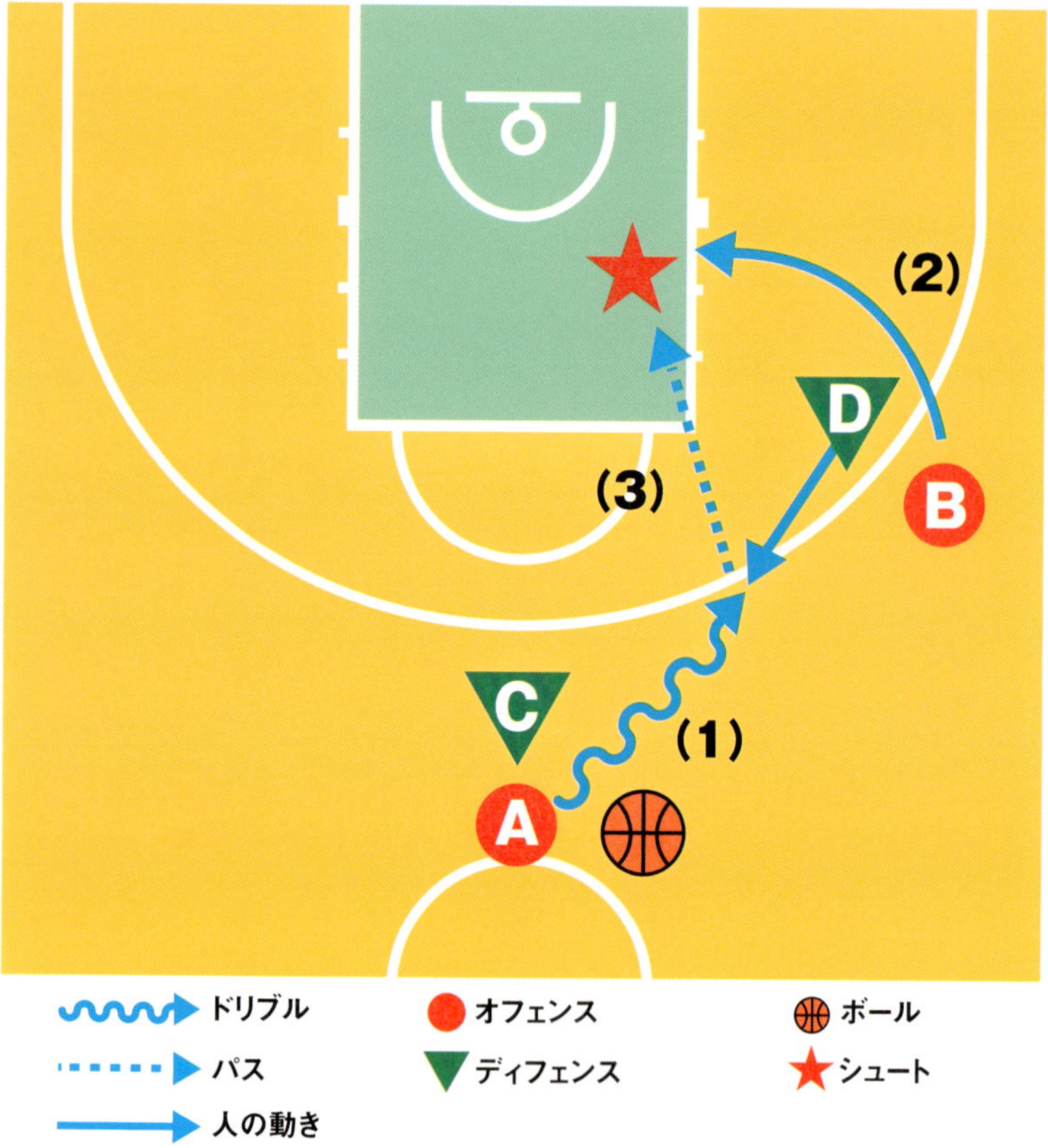

ディフェンスを引き付け バウンドパスで合わせる

ドライブでディフェンスを引き付け、ゴール方向に走り込む「ダイブ」への合わせを、写真と照合しながら紹介します。

・写真①② ボールマンAがドリブルで仕掛けて、2対2の状況を作ります。もしシュートチャンスを作れれば、そのままシュートを打つことも可能です。

・写真③ Aのドリブルに対して、ディフェンスCがコースに入れていないため、ディフェンスDがヘルプします。そこでAは、ゴール方向に走り込むBに、バウンドパスで合わせます（130ページ）。

・写真④⑤ Bはゴールに近いエリアでパスを受けることによって、確率の高いシュートチャンスを作ることができます。

1
ボールマンAがドリブルで仕掛ける
C
D
B
A

2
ディフェンスDがヘルプする
D

3
ゴール方向に走り込むBに、
Aがパス
C
D
B
A

4
Bがゴールに近いエリアで
パスを受ける
B

5
Bが確実にシュートを決める
B

Point

試合では3人がアウトサイド、2人がインサイドにポジションをとる「3アウト2イン」という攻撃隊形がよく使われます。写真のように3人がアウトサイドにポジションをとった状況から、ボールマンが一方にドリブルしたことによって2対2の状況を作り出したわけです。

ボールマン

ドライブからの合わせ②ドラッグ

ボールマンがいたスペースを利用する

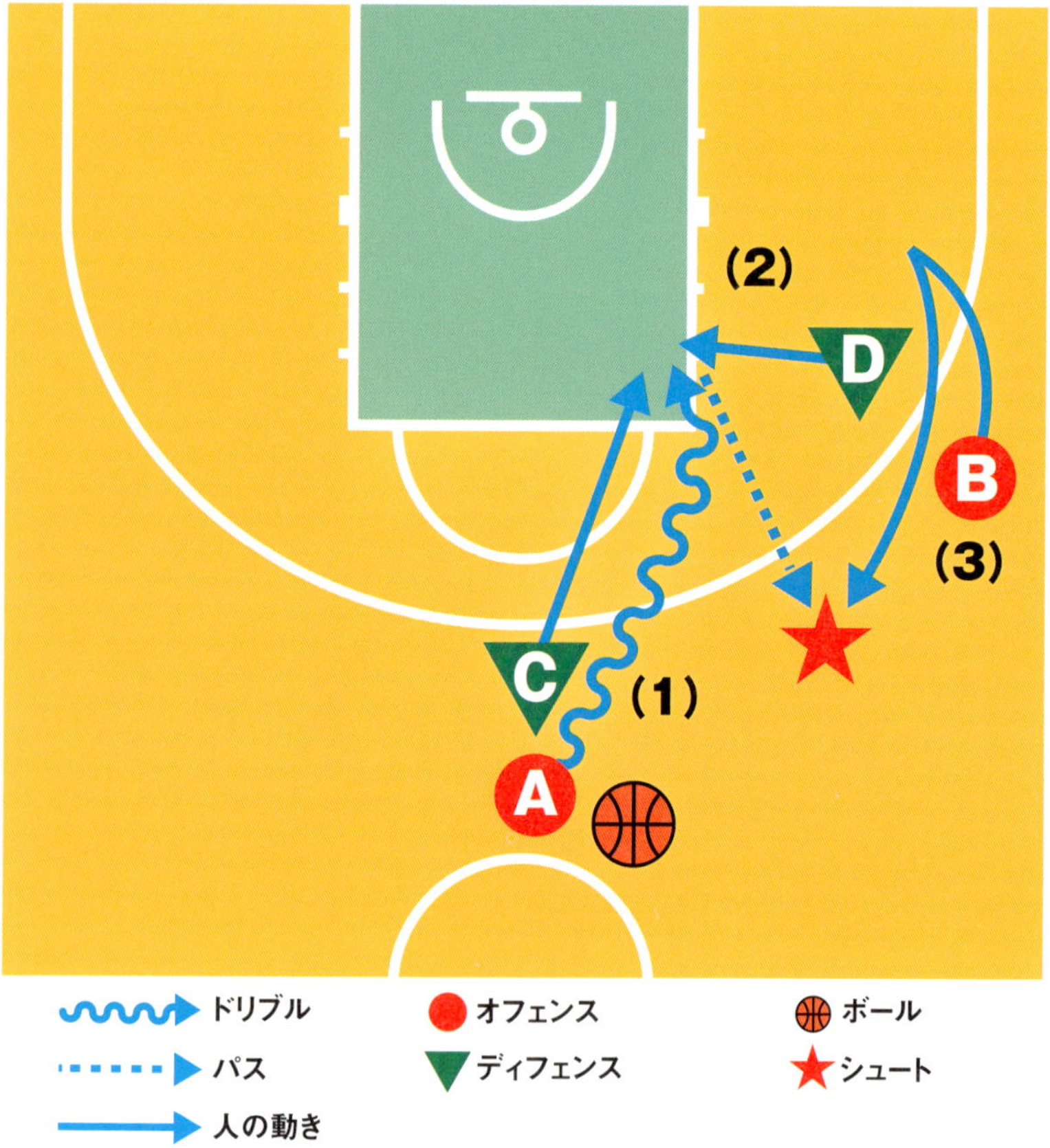

ヘルプディフェンスがインラインに入った状況…

次に紹介するのは、ドライブに対して、ヘルプディフェンスがインラインのコースに入ったときなど、ボールマンがいた方向に動く「ドラッグ」という合わせです。

・写真①② ボールマンAがドリブルで仕掛けたとき、マークマンCが完全に抜かれている状況では、ヘルプディフェンスDがインラインのコースに入ってきます。

・写真③④ この状況でBがゴールに近いエリアでパスを受けるのは難しいので、アウトサイドの空いたスペースに動きます。その動きを察知しながらボールマンAは、次のプレーを冷静に判断します。

・写真⑤⑥ ボールマンAがディフェンス2人をインサイドに釘付けにすることによって、Bのシュート力を引き出せるわけです。

Point

このプレーのメリットは、Bが体の正面からパスを受けられるだけに「シュートを打ちやすい」ことです。ボールマンAがドライブで仕掛けず、横からパスを出すだけではBはシュートを打ちにくくなります。なぜなら、横からのパスだと正面からのパスに比べて、ボールをしっかりとセットするのに時間がかかるからです。

ドライブからの合わせ③ドリフト

コーナー方向に走り込む

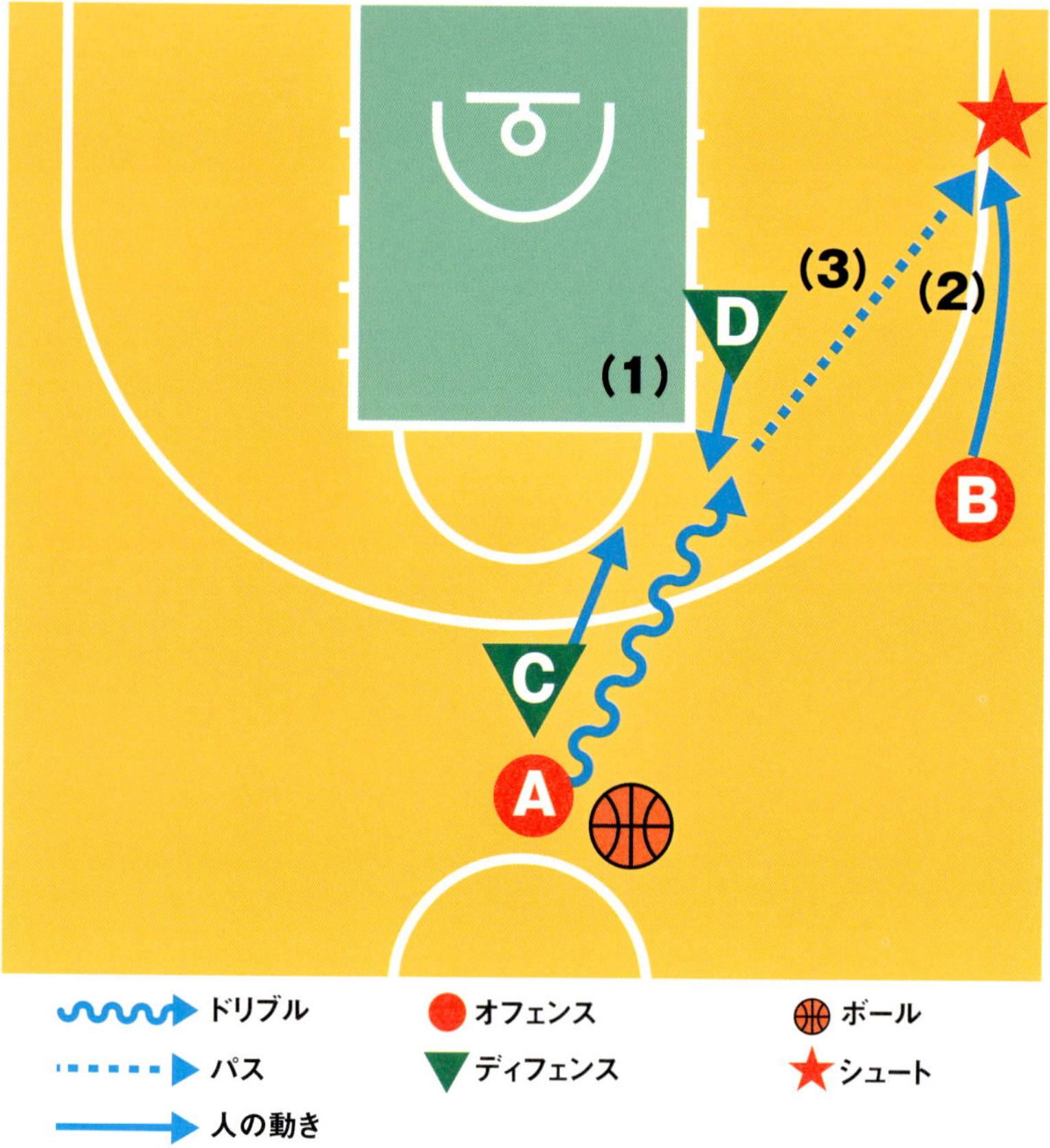

コーナーやショートコーナーに走り込んでパスを受ける

ドライブからの合わせにはもう一つあります。ショートコーナーやコーナー方向に動いてパスを受ける「ドリフト」です。写真と照合しながら見ていきましょう。

・写真①② ボールマンAからBがアウトサイドでパスを受けようとするのに対し、ディフェンスDも高い位置でプレッシャーをかけてきます。

・写真③④ Bはゴール方向に走り込めない場合、コーナーの方向もしくは、ショートコーナー（コーナーとゴールの中間あたりのエリア）に走り込むこともできます。

・写真⑤ このようなケースでシュートを決められるように、普段の練習からゴールの正面だけでなく、ゴールの横からもシュートを決める感覚を高めておきましょう。

1
Bがアウトサイドで
パスを受けようとする
D
B
C
A

2
ボールマンAがドリブルを選択する
A

3
ヘルプディフェンスDがアウトサイド
でプレッシャーをかけてくる
D

4
Bはコーナー方向の
空いているスペースに動く
B

5
ショートコーナーやコーナーで
パスを受けてシュートを打つ

B

Point

上の写真は、ショートコーナー（コーナーとゴールの中間あたりのエリア）に走り込むプレーですが、より確実なのはコーナーへと膨らむ動きです。特に3ポイントシュートを得意とする選手は、コーナーに動いてパスを受ける練習を繰り返しておきましょう。

スクリーナーとユーザー

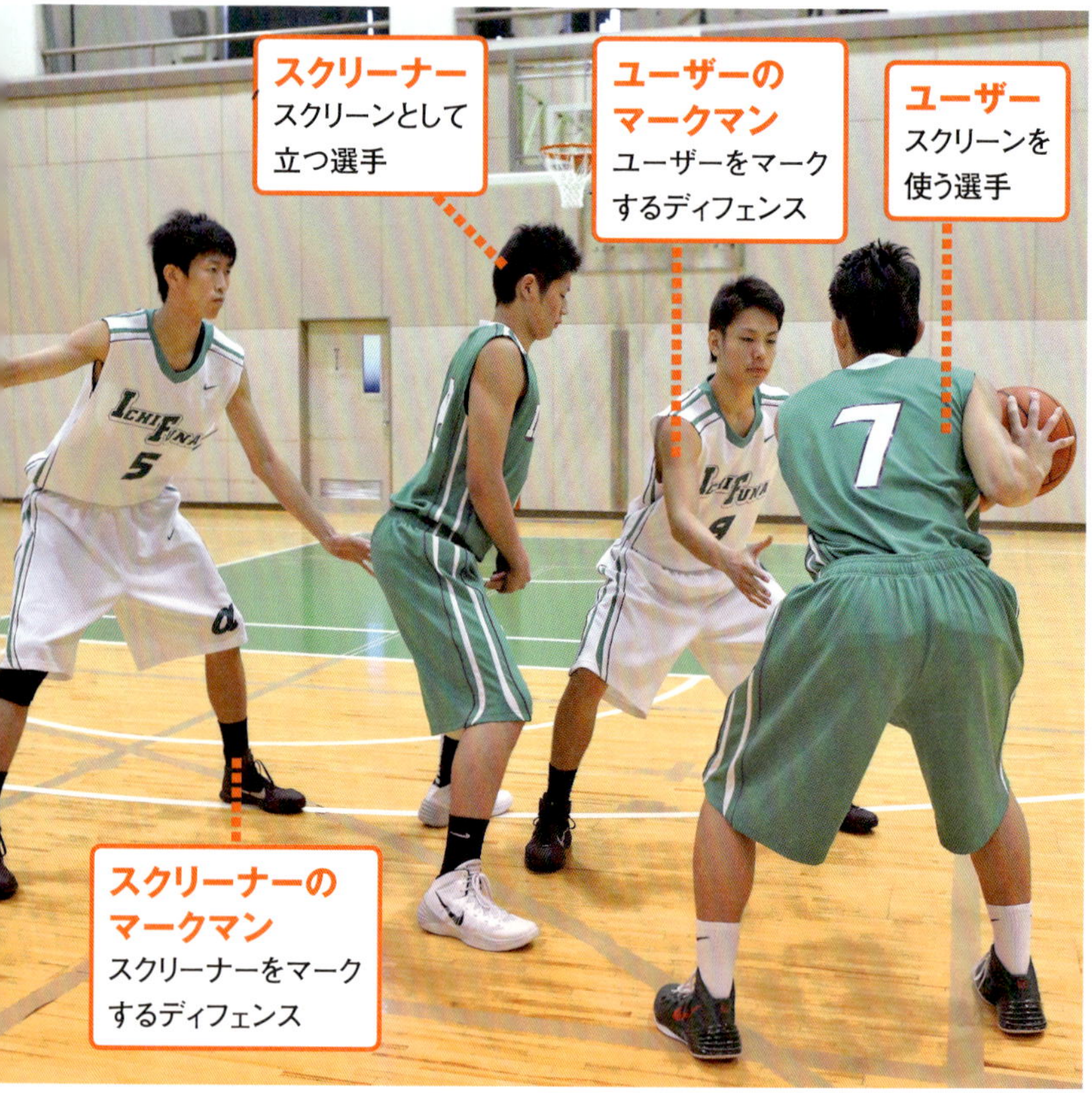

スクリーナー
スクリーンとして立つ選手
ユーザーのマークマン
ユーザーをマークするディフェンス
ユーザー
スクリーンを使う選手
スクリーナーのマークマン
スクリーナーをマークするディフェンス

ボールマンがユーザーとなるスクリーンプレー

攻撃側の1人の選手がスクリーン（つい立て）となり、ディフェンスの動きを邪魔するプレーを「スクリーンプレー」といいます。この戦術によって、スペースが限られていても時間をかけずにシュートチャンスを作ることができます。

写真を見てください。これはボールマンがスクリーンを使うシーンです。このボールマンを「ユーザー（スクリーンを使う選手）」といいます。スクリーンとして立っている選手を「スクリーナー」といいます。それぞれにディフェンス2人が対応し、その動き方によって攻撃の仕方も変わってくるのです。スクリーナーがボールを持つパターンもありますが（122ページ）、まずはボールマンがユーザーとなるプレーから紹介しましょう。

Point

ユーザーはスクリーナーと体がこすれ合うようにする。これを「ブラッシング」といいます。自分のマークマン（マークし合う選手）をスクリーンにぶつけるためであり、スクリーナーのマークマンを含めたディフェンスの対応によって攻撃法を決めます。

Point

スクリーナーは両足を大きく開き、ディフェンスの動きを止められるように力強く構えます。そしてスクリーンをセットしたら動かないことが基本です。

NG

両足が狭いと不安定になる。また、両手を出してディフェンスを押すと攻撃側のファウルになるので気を付けよう

ユーザーがシュートを狙う

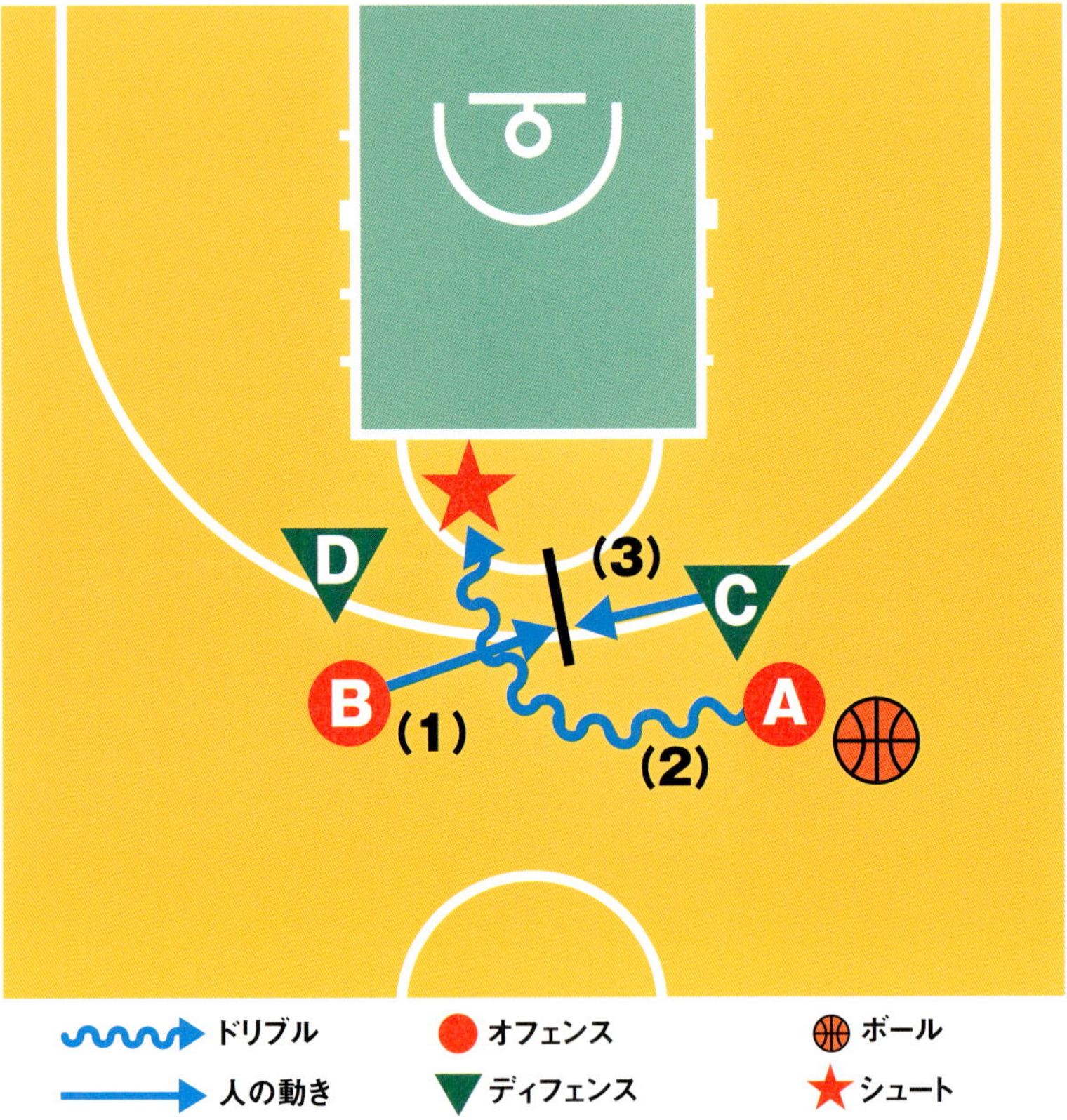
D
C
B
A
(1)
(2)
(3)
ドリブル
人の動き
オフェンス
ディフェンス
ボール
シュート

位置や角度に気を付けて
スクリーンをセットする

ボールマンがユーザーとなり、スクリーンを使う「ピックアンドロール」を写真と照合しながら見ていきましょう。

・写真① スクリーナーとなる選手Bが移動している間、ボールマンAはボールをキープしながら、どういうプレーを展開するかイメージします。動き出すのが早過ぎるとスクリーンを効果的に使えないので注意しましょう。

・写真②③ スクリーナーとして立つ選手Bは、スクリーンの位置や角度に気を付けます。ディフェンスCに対して垂直に構えることで相手がぶつかりやすくなります。

・写真④⑤ ボールマンAはスクリーナーのディフェンスDが離れていることを確認して積極的にシュートを狙います。

1 スクリーナーとなるBが動き出す

2 Bがスクリーンをセットする

3 ボールマンAがユーザーとなり
ドリブルを開始する

4 ディフェンスCがスクリーンに
引っ掛かる

5 ユーザーAがノーマークとなり、
シュートを打つ

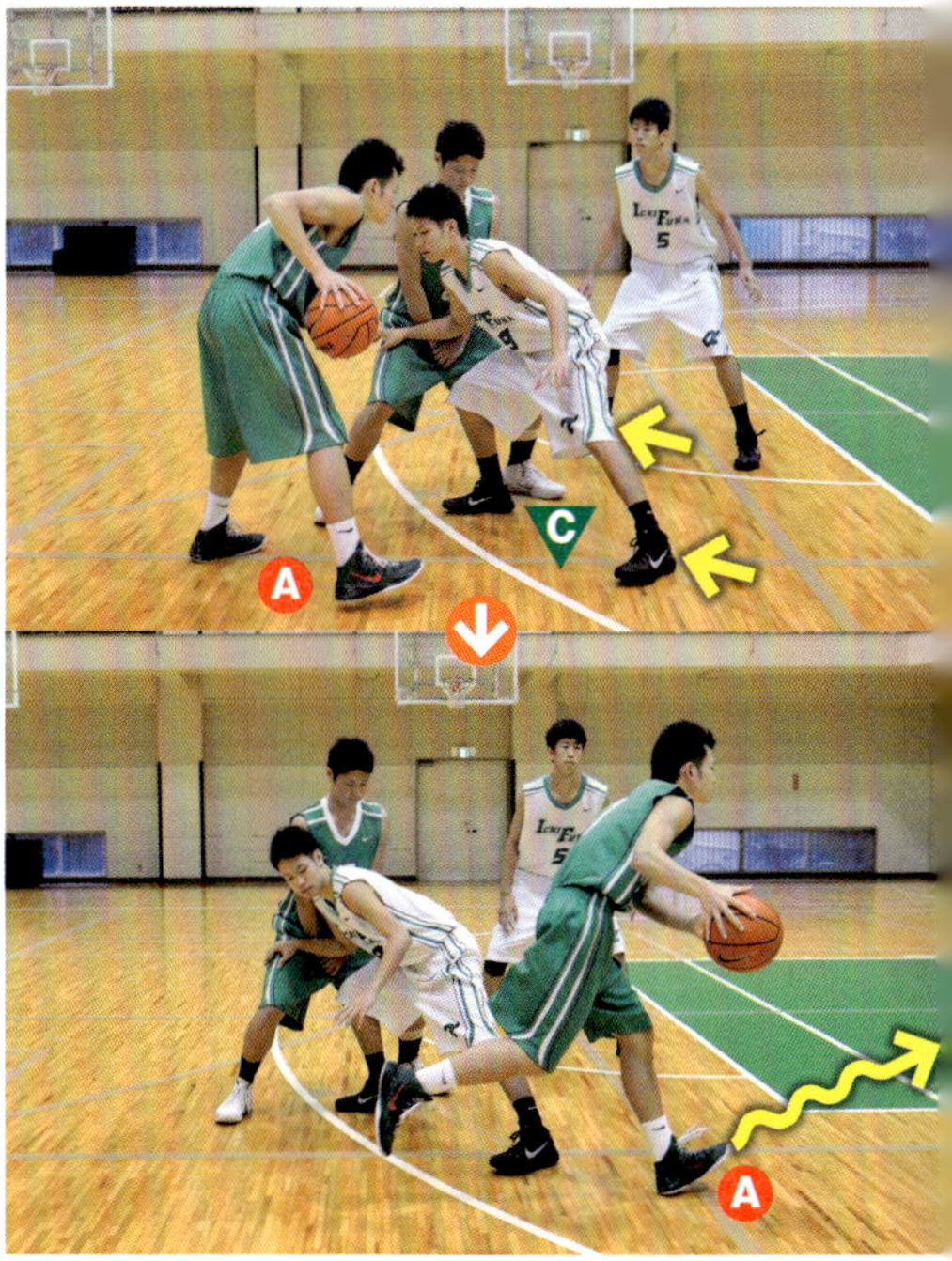

Point

ディフェンスCが先読みしてスクリーナーのほうに重心が傾いているとき、ボールマンAはスクリーンを使わず逆方向から攻撃することもできます。

スクリーナーがゴール方向に走り込むダイブ

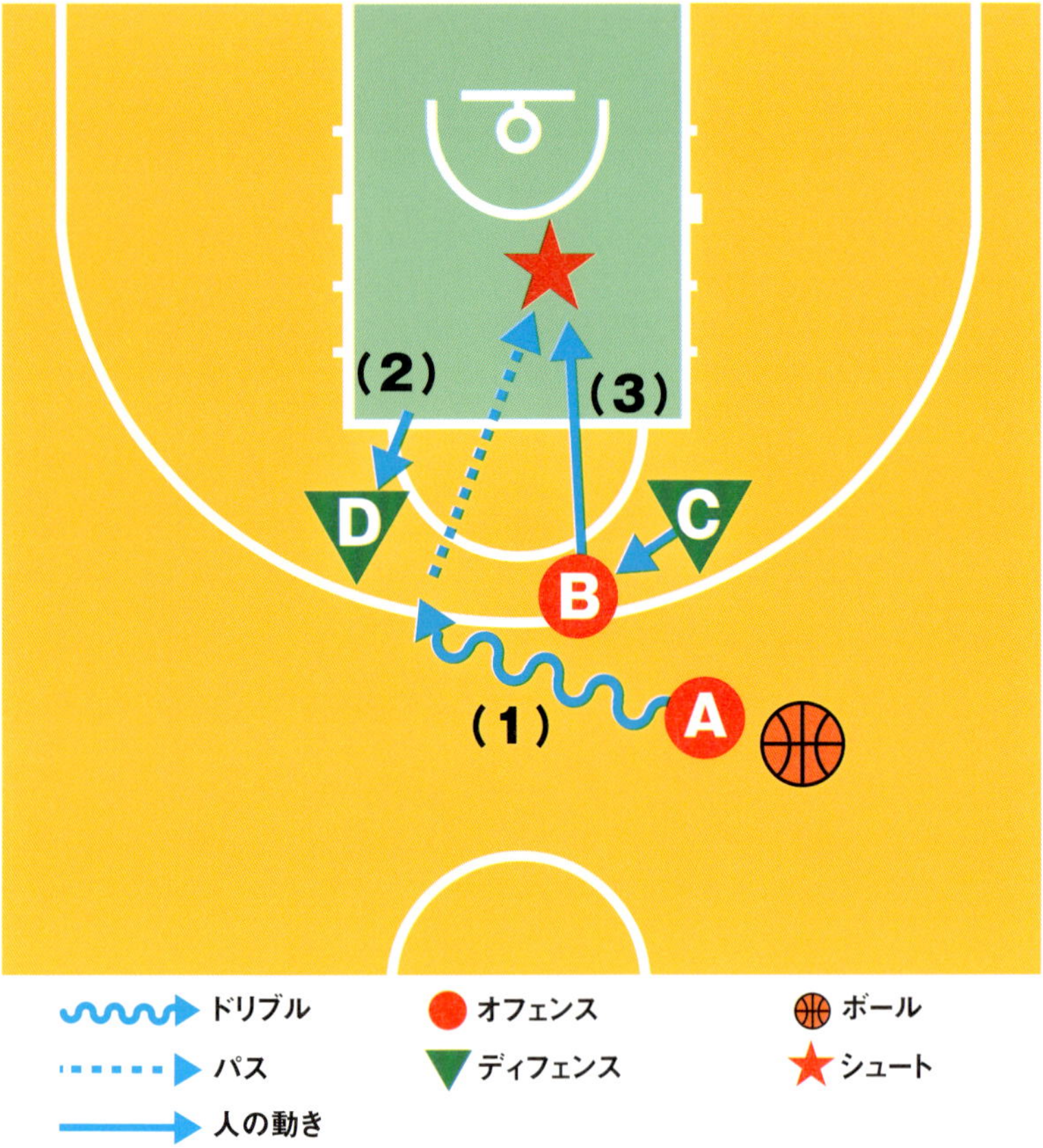
(2)
(3)
D
C
B
A
(1)
ドリブル
パス
人の動き
オフェンス
ディフェンス
ボール
シュート

スクリーナーのディフェンスがボールマンをマークする場合

ボールマンがユーザーとなり、スクリーンを使う「ピックアンドロール」ですが、ディフェンスの対応の仕方によっては、スクリーナーがゴール方向に走り込むプレーが有効に使えます。

・写真①②　ユーザーのディフェンスCがスクリーンに引っ掛かった直後、スクリーナーのディフェンスDが対応してくるケースがあります。マークマンを交換するこのようなディフェンスは「スイッチ」といいます。

・写真③④　そこでスクリーナーBは、ゴール方向に移動してパスを受ける準備をします。特に身長の高い選手がスクリーナーの場合、小さな相手ディフェンスに対して、身長のミスマッチを利用することができるわけです。

Bがスクリーンをセットし、ボールマンAがドリブルする状況

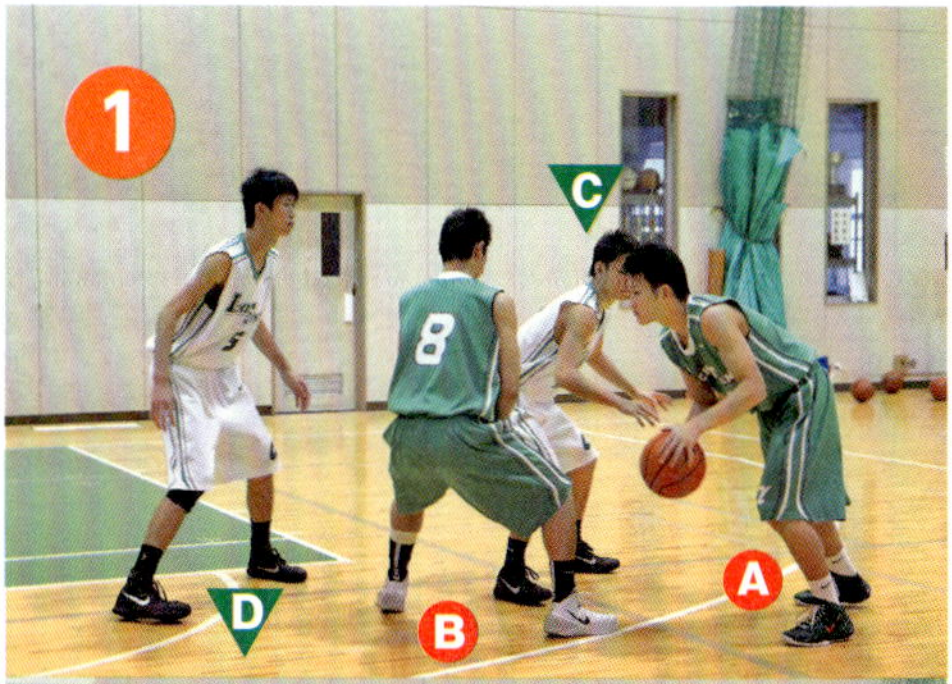

ディフェンスDがマークマンをスイッチ（交換）して対応する

スクリーナーBはゴール下へ移動しながらパスを受けられる準備をする

ボールマンAからのパスをBが受けてシュートを打つ

Point

スクリーンをかけてからゴール方向に走り込む「ダイブ」と似たプレーがあります。それはBがスクリーンをセットする直前にゴール下に走り込むプレーで、これは「スリップ」と呼ばれています。スクリーンプレーに対応しようとするディフェンスの意表をつく格好となります。

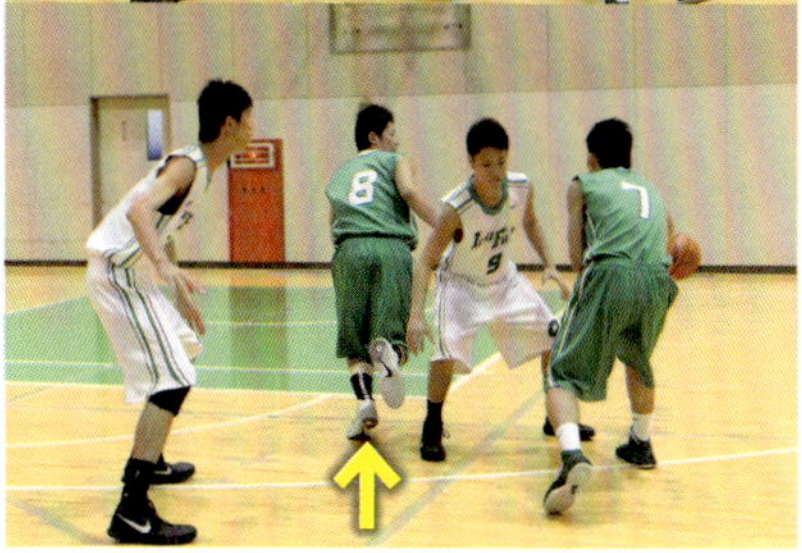

アウトサイドに広がるポップアウト

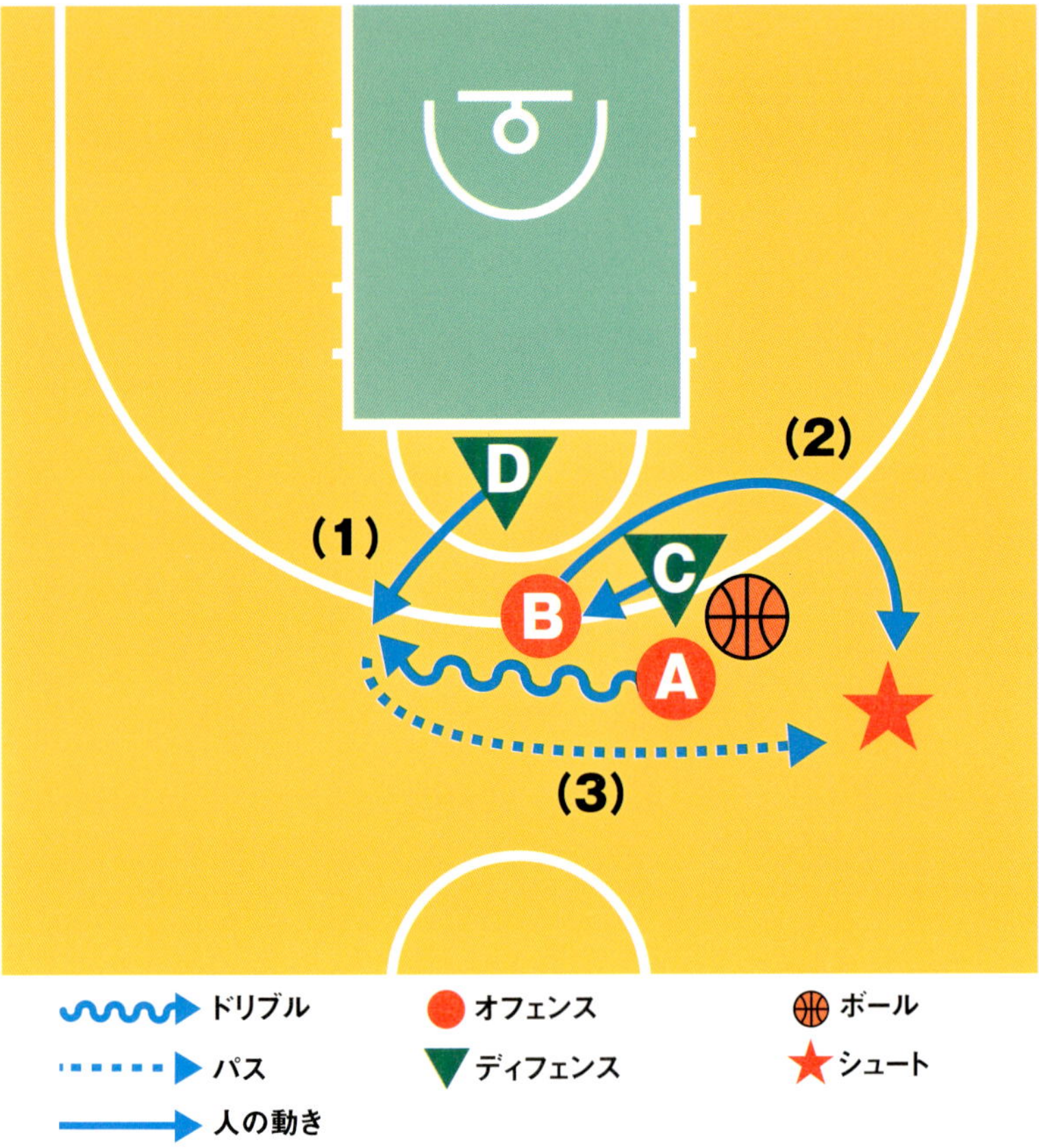
(1)
(2)
(3)
D
C
B
A
ドリブル
パス
人の動き
オフェンス
ディフェンス
ボール
シュート

ボールマンに対して2人がかりで対処

「ピックアンドロール」から、スクリーナーがアウトサイドに移動することによって、3ポイントシュートを打つチャンスを作ることもできます。写真と照合しながら見ていきましょう。

・写真①②③　Bがセットしたスクリーンを、ユーザーとして使うボールマンAに対して、ディフェンス2人が対処している状況です。

・写真④⑤　そのスキをついてスクリーナーBがアウトサイドのスペースに移動してパスを受ける準備をします。このような動きを「ポップアウト」といいます。

ところで2人がかりのディフェンスは「ダブルチーム」や「トラップ（罠）」と呼ばれますが、それを行うには相手にパスをさせないくらいのプレッシャーが必要です。

1 スクリーナーとなるBが動き出す

2 ユーザーAのドリブルに対して、スクリーナーのディフェンスDも対処

3 ディフェンス2人がボールマンに寄る

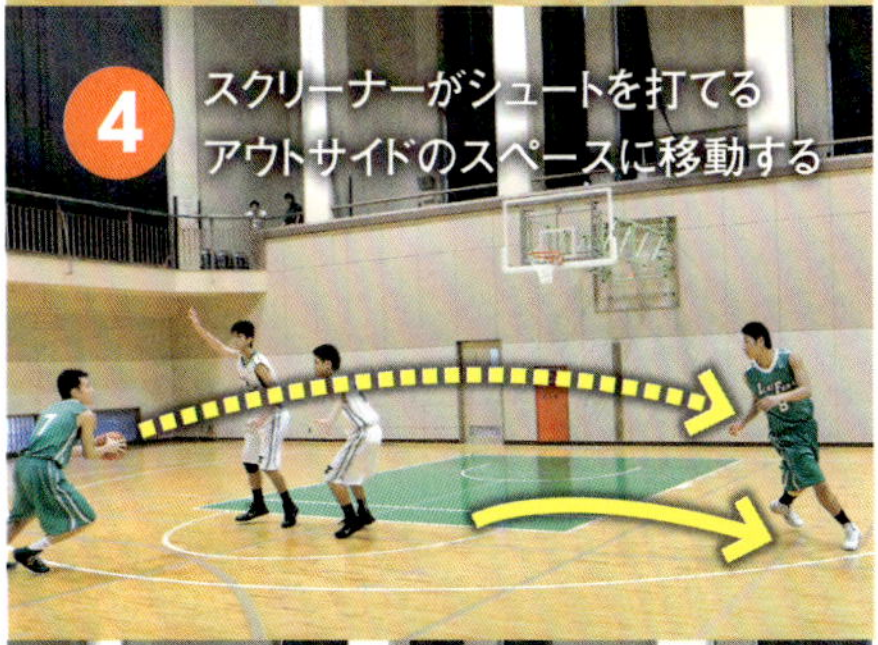

4 スクリーナーがシュートを打てるアウトサイドのスペースに移動する

5 3ポイントシュートを打つことも可能だ

Point

スクリーンプレーを成功させるポイントは、ユーザーとスクリーナーの動きのタイミングを合わせられるかどうかです。スプレーから液体が噴射されるときのように、一気に飛び散るようなイメージの動きが求められます。

スクリーンをかけ直すリピック

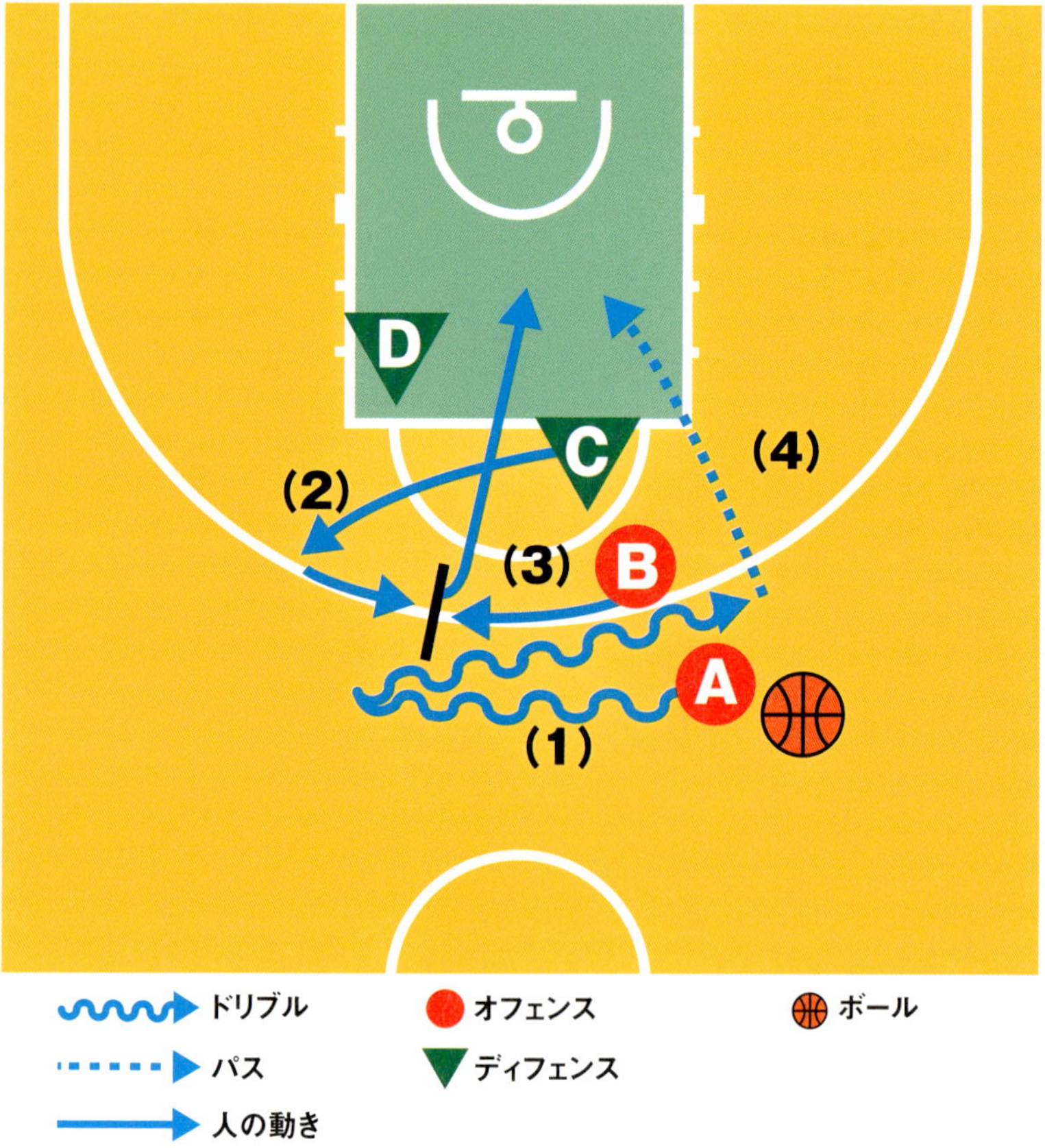
D
C
B
A
(1)
(2)
(3)
(4)
ドリブル
パス
人の動き
オフェンス
ディフェンス
ボール

ユーザーが通過した後スクリーンをかけ直す

スクリーンプレーでは、スクリーンをセットした後、動いてはいけません。スクリーナーが動いてディフェンスの動きを妨害すると「ムービングピック」という攻撃側のファウルをとられます。しかし、ユーザーがスクリーンを通過した後なら、スクリーンをかけ直すことはできます。それが「リピック」です。

・写真①②③　ボールマンAがスクリーンを使おうとしますが、ディフェンスCがマークし続けます。

・写真④⑤　スクリーナーBは再度、ディフェンスCに寄ってスクリーンをかけ直します。

・写真⑥⑦　スクリーナーのディフェンスDが対処してきたら、Bはゴール下に走り込むダイブ（116ページ）ができます。

1 Bがスクリーンをセットし、ボールマンAがドリブルする状況

2 ディフェンスCがスクリーンの逆側から移動する

3 ディフェンスCがボールマンAをマークし続ける

4 スクリーナーBがディフェンスCのほうに移動する

5 Bがもう一度スクリーンをセットする

6 スクリーナーのディフェンスDがスイッチして対処する

7 スクリーナーBはゴール下に走り込みパスを受ける

Point

ユーザーAのディフェンスCが、スクリーンの逆側から移動してマークし続けることを「スライド」といいます。このスライドのディフェンスのときに、このページで紹介した「リピック」のスクリーンプレーが特に有効に使えます。

スクリーナーがボールマンになる

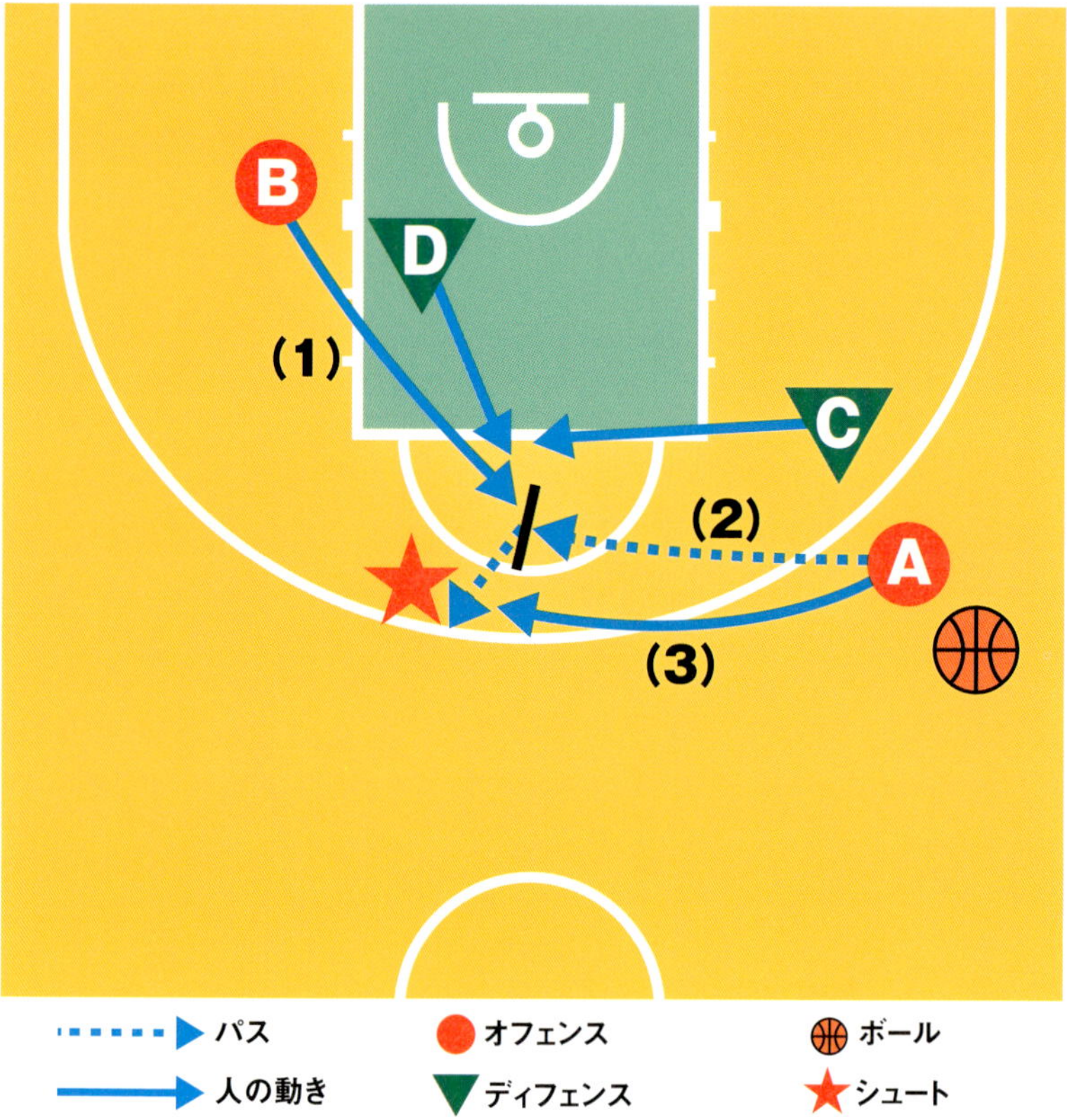
B
D
C
A
(1)
(2)
(3)
パス
人の動き
オフェンス
ディフェンス
ボール
シュート

走り込んでくるユーザーに両手で手渡しパスを出す

「ピックアンドロール」では、スクリーンを使うユーザーがボールマンでした。逆にスクリーナーがボールマンとなり、手渡しパスをするプレーは「ハンドオフ」と呼ばれています。

・写真①②③　Bがスクリーンをセットしたいポジションに移動し、ボールマンAはパスと同時に走り込みます。

・写真④⑤　スクリーナーでありボールマンでもあるBは、走り込んでくるユーザーAに両手で手渡しパスします。これが「ハンドオフ」というプレーです。

手渡しパスしたスクリーナーBに、ユーザーのディフェンスCがぶつかることによって、ユーザーAがシュートを打てるわけです。パスして走る戦術だけに「パスアンドラン」にも分類されます。

1
ウイングで1対1をしている状況で、
スクリーナーBが動き出す
B
D
C
A

2
ボールマンAがスクリーナーBにパス
A

Point

パスするステップを走り出す一歩目とすることによって、ディフェンスのマークを振り切ることができます。

3
ユーザーAが、スクリーナーであり
ボールマンであるBに近づく
A
B

4
AがBから手渡しパスを受ける

Point

手渡しパスする際には、両手で確実にパスすることが基本です。ディフェンスに触れられないように細心の注意を払いましょう。

5
ディフェンスCがスクリーンに引っ掛
かったことにより、Aにシュートチャンス
が生まれる
C

ユーザーがドリブルを工夫して使う

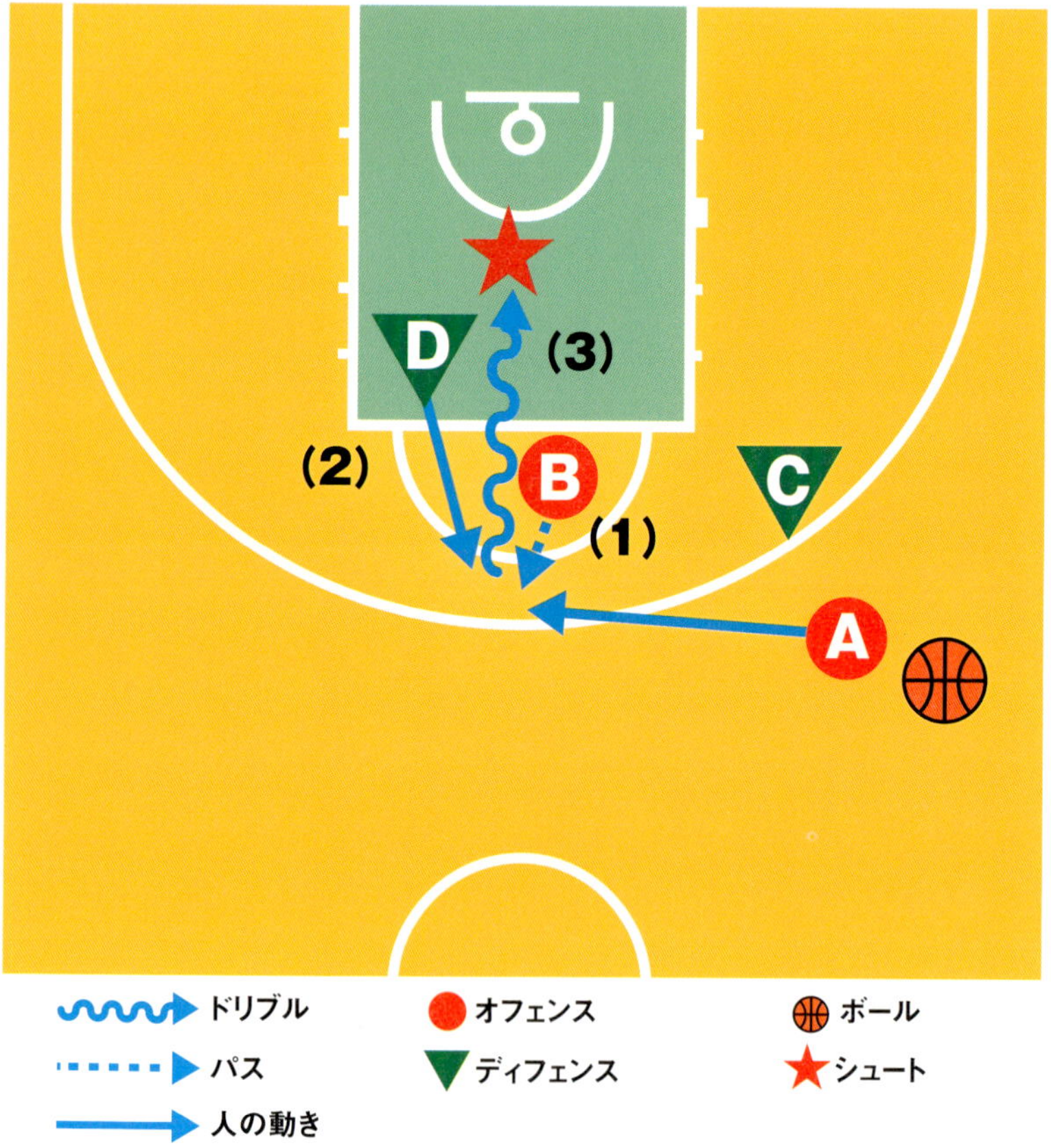

2人の間を割ってゴールへと向かうスプリットドリブル

「ハンドオフ」でパスを受けたものの、ディフェンスがイメージどおりに引っ掛からずシュートを打てないケースがあります。そういう状況ではドリブルを使いながら攻撃の突破口を開きましょう。

・写真①②③　ユーザーのディフェンスCがスクリーンに引っ掛からずマークし続けられる状況で、しかもスクリーナーのディフェンスDもコースに入ってきているため、シュートを打つことができません。

・写真④⑤　2人のディフェンスの間にスペースがある場合には、2人の間を割ってゴールへと向かう「スプリットドリブル」（70ページ）が使えます。高い位置からすぐさま低い位置でつく、高低差のあるドリブルを意識しましょう。

Point

2人の間を割るスプリットドリブルができないときには、ドリブルしながら下がることもできます。これを「リトリートドリブル」といいます。その間にスクリーナーがゴール下にポジションをとって、シュートチャンスを作り出すこともできます。

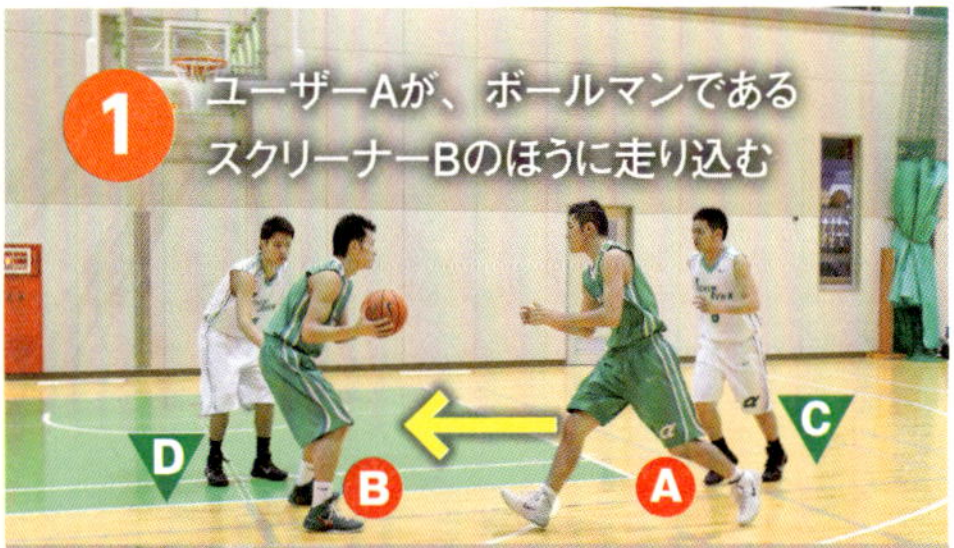

1 ユーザーAが、ボールマンであるスクリーナーBのほうに走り込む

2 Aが両手の手渡しパスをBから受ける

3 ボールマンAにディフェンスDの意識が向く

4 スクリーナーのディフェンスDがドリブルのコースを止めてくる

5 ボールマンAは2人のディフェンスの間をドリブルで割る

スクリーナーがシュートを狙う

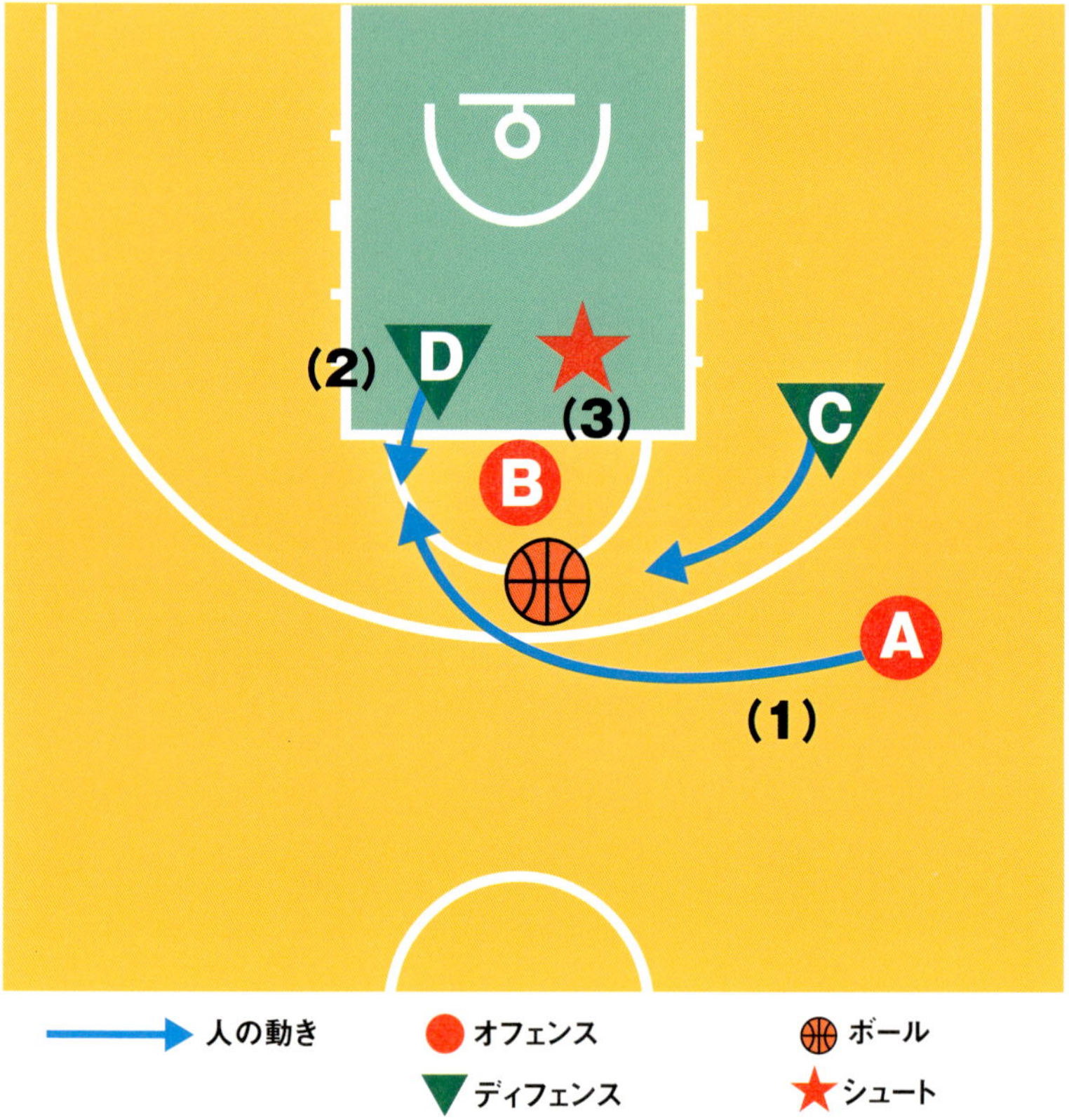

(2)
D
(3)
C
B
A
(1)
人の動き
オフェンス
ボール
ディフェンス
シュート

スクリーンに引っ掛からずマークし続けている状況で

「ハンドオフ」のスクリーンプレーをさせまいと、ディフェンスしてくる相手もいます。そういうケースで使えるプレーを用意しておきましょう。

・写真①②③　ユーザーAをマークするディフェンスCが、スクリーンに引っ掛からずにマークし続けている状況です。このようなスクリーンに対するディフェンスは「ファイトオーバー」と呼ばれ、ディフェンスにとっては理想的な形です。実際にこのディフェンスが邪魔でハンドオフができなくなります。

・写真④　もしディフェンスDがユーザーAの動きにつられたら、スクリーナーBにチャンスが生まれます。スクリーンをセットしている状態から速やかにゴールに正対してシュートを打ちましょう。

Point

ディフェンスがスライドで（スクリーナーをはさんで逆側から）ついてくるときは、スクリーナーがゴール方向にドリブルをつくプレーが有効に使えます

1
ユーザーAがスクリーナーBにパスを出す
D
C
B
A

2
AがBのほうに走り込むが、ディフェンスCがAをマークし続ける
C
B
A

3
ファイトオーバーで対処するディフェンスCが邪魔で手渡しパスできない
C

4
スクリーナーのディフェンスDがAの動きにつられているスキに、スクリーナーBがシュートを狙う
A
B

チェストパスとクイックチェストパス

チームメイトとのコンビネーションプレーを構築する上で、パスの練習は大切です。特にバスケットボールを始めたばかりの選手は、自分の胸（チェスト）から相手の胸を目がけて両手で出す「チェストパス」が基本となります。そこから、少しずつ実戦を意識した練習へと発展させましょう。

例えばチェストパスは、ボールを手放した後、腕をしっかりと伸ばすのが基本とされています（次ページ／右の写真）。しかし、より素早くパスを出すには、両腕をすぐさま体に戻すようなイメージのほうが出しやすい場合もあります（左の写真）。

長い距離のチェストパスを出すときには、基本どおり腕をしっかりと伸ばし、距離が5メートルくらいの短い距離であれば、このクイックチェストパスを有効に使いましょう。

対面パスの基本練習は大切だ。実戦を意識して行おう

クイックチェストパス

パスの狙いを定める

一方の足を踏み込みながらスナップをきかせてパスを出す

両方の腕を体に引き付ける

両方の腕が自分の体に戻るようなイメージで素早くパスを出してみよう

チェストパスの基本

胸の前でボールを持って構える

スナップをきかせてパスを出す

両方の腕をしっかりと伸ばし、ボールにバックスピン（逆回転）をかける

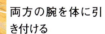

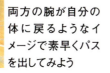

バウンドパスとワンハンドプッシュパス

チェストパス（前ページ）以外にもパスの出し方にはいろいろな方法がありますが、試合でよく使われるのは片手で出す二つのパス。受け手がタイミングをとりやすい「バウンドパス」と、顔の横から出す「ワンハンドプッシュパス」です。両方のパスに共通したメリットは、ディフェンスの手を避けられることです。そのためにもオープンステップとクロスステップから片手で出せるように練習しておきましょう。

バウンドパスで、ボールをバウンドさせる位置は、出し手と受け手の3分の2くらいの距離が目安となる

バウンドパス（オープンステップ）

ボールを持つ側の足（写真では右側）を外に踏み込んでディフェンスを避ける

ワンハンドプッシュパス（オープンステップ）

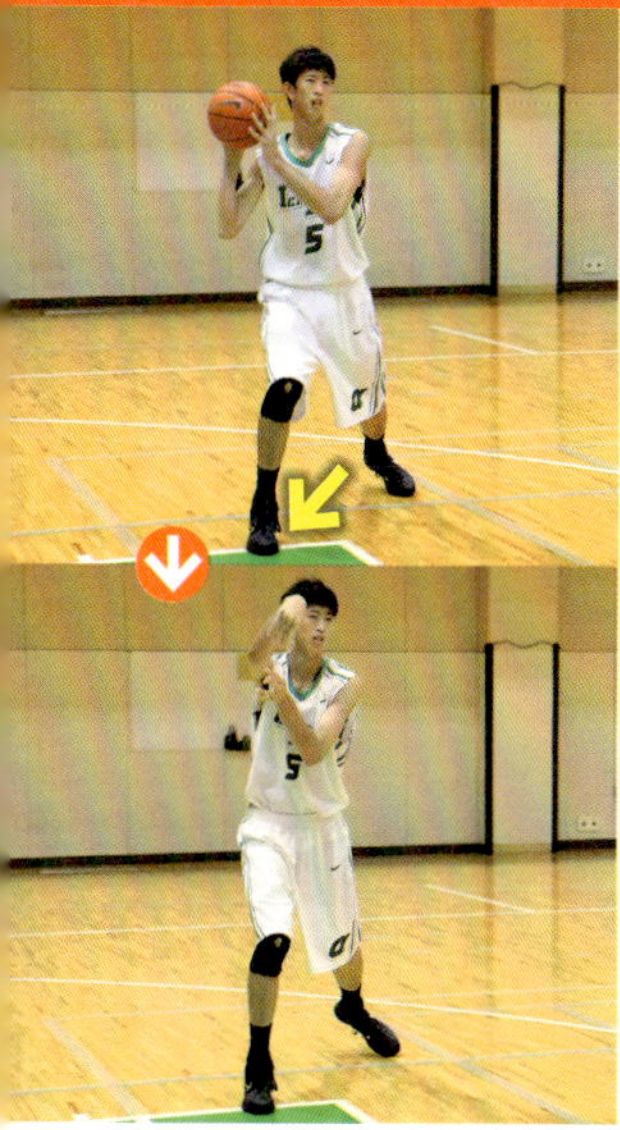

ボールを持つ側の足（写真では右側）を外に踏み込んでディフェンスを避ける

ワンハンドプッシュパス（クロスステップ）

パスを出す側に足をクロスさせて踏み込みディフェンスを避ける

バウンドパス（クロスステップ）

パスを出す側に足をクロスさせて踏み込みディフェンスを避ける

サークルドリル

ドリブルしてからしっかりと止まり、ステップを踏んでからパートナーにバウンドパスを出す練習です。それを2人が同時に行うことによって、意思の疎通が図られるようになりますし、パスを出した直後、すぐにパスを受けられる体勢をとる習慣が付きます。

ジャンプストップからクロスステップ

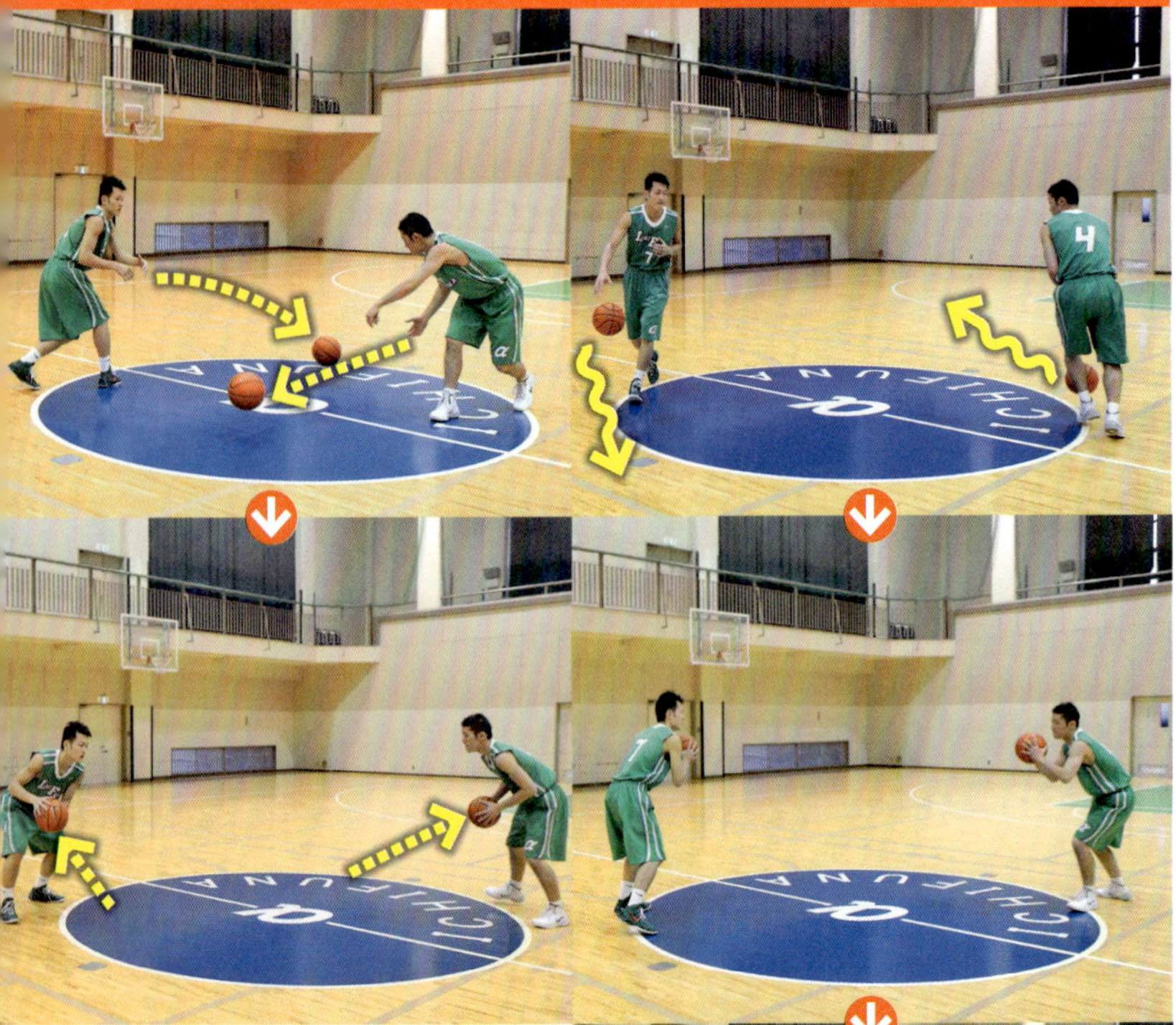

2人がサークルのライン上を同じ方向に、同じ回数ドリブルしてバウンドパス。まずは両足同時に着地するジャンプストップからトリプルスレットの体勢をとり、クロスステップを踏んでパスを出す

ストライドストップからフロントターン

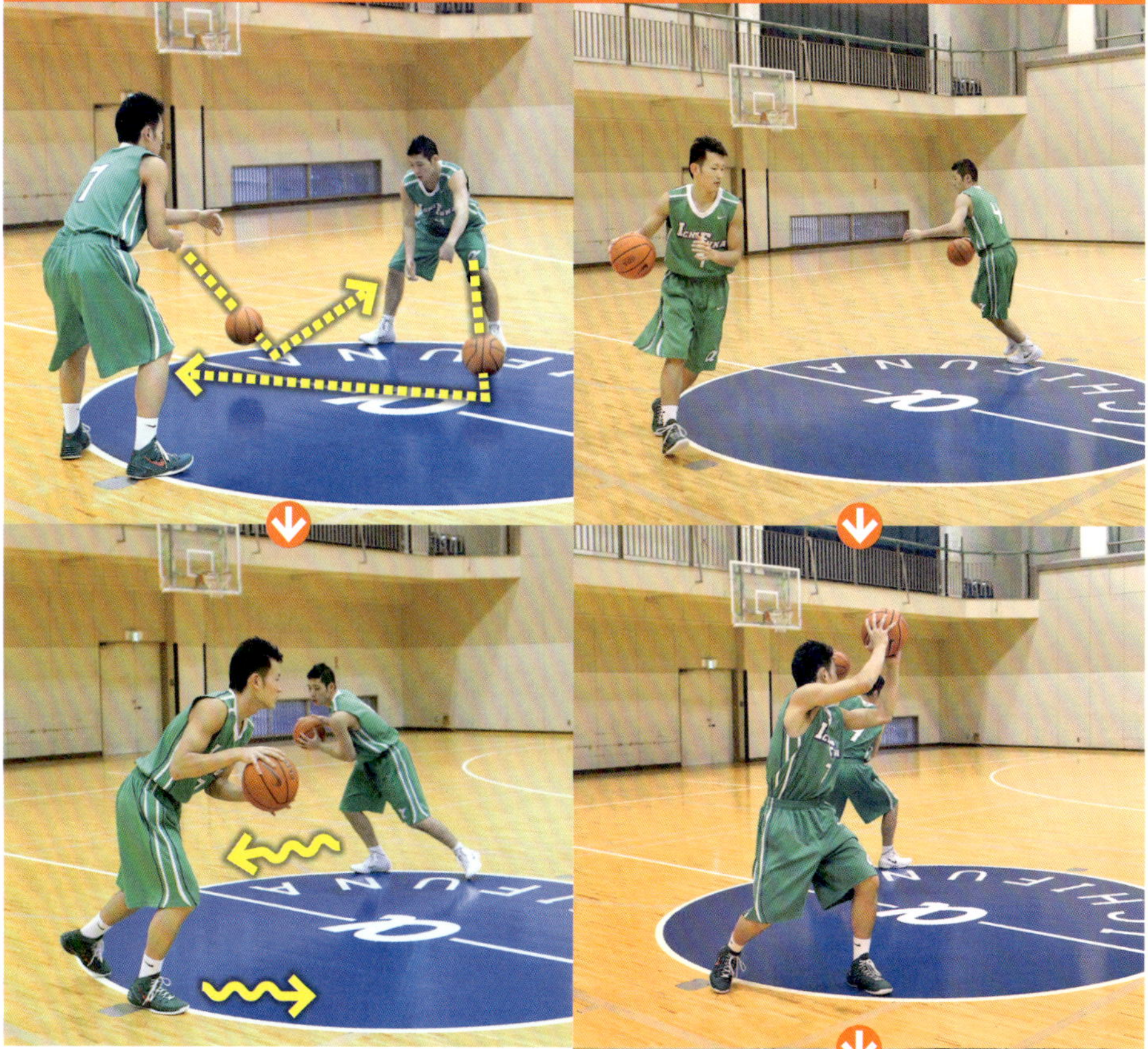

次に、両足交互に着地するストライドストップで止まり、フェイクの（相手をだます）動作を入れてフロントターンしてパスを出す。いろいろな止まり方、パスの出し方をアレンジして行おう

ドリブルからの対面パス

両サイドのウイングのポジションにそれぞれ列を作り、1人の選手がボールを持ちます。そしてまずは、その場でボールをついてから、逆サイドの選手にパスを出します。次に動きを入れます。ゴール方向にドリブルし、逆サイドの選手にパスを出します。これはインサイドにディフェンスを引き付けてからアウトサイドへとパスを出す「キックアウト」の技術に相当します。実際にディフェンスがいることをイメージしながら練習しましょう。

その場でドリブルしてからパス

その場でドリブルしてから逆サイドの選手にパスを出す。そのまま逆サイドに走り、列の後ろに並ぶ

ゴール方向にドリブルしてからのキックアウト

ゴール方向にドリブルしてから逆サイドの選手にキックアウトのパスを出して列の後ろに並ぶ。ディフェンスがいることをイメージして練習しよう

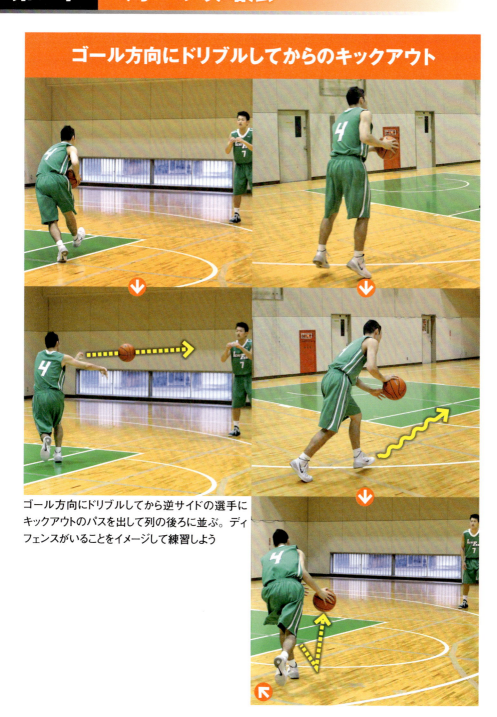

三角形のレイアップシュート

多彩なパスアンドランの戦術を備えられる練習を紹介しましょう。まずはディフェンスをつけずに、3人がトップと両サイドのウイングにそれぞれポジションをとります。そしてトップからウイングにいったんパスを出してからゴールに向かって走り込む「ボールサイドカット」を行います。そこからのオプションプレーも備えていきましょう。

パターン① ボールサイドカット

ップにいるボールマンAがウイングのBにパス。そしてゴールへと走り込みながらBからリターパスを受けてシュートする

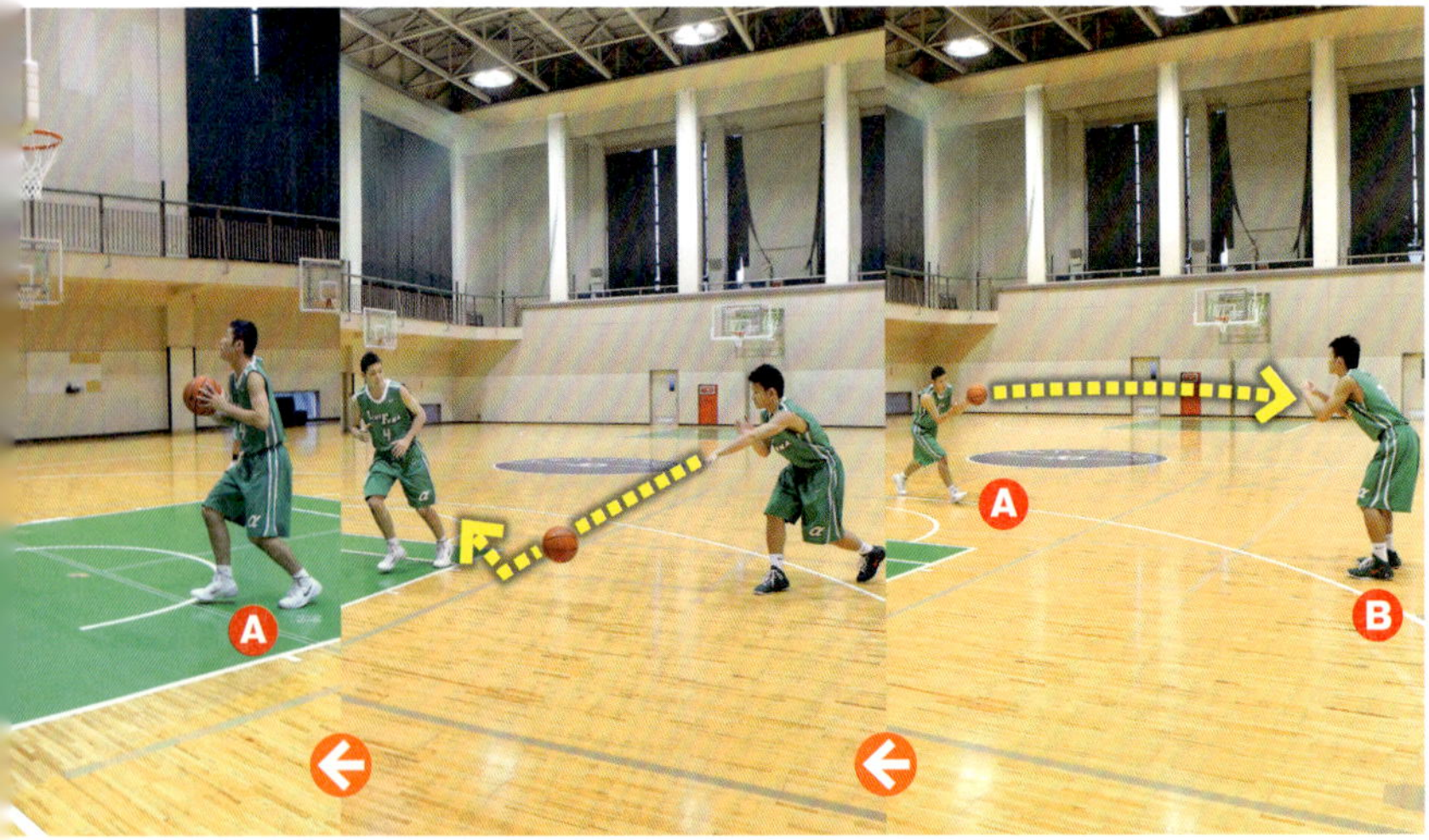

パターン②

パワードリブル

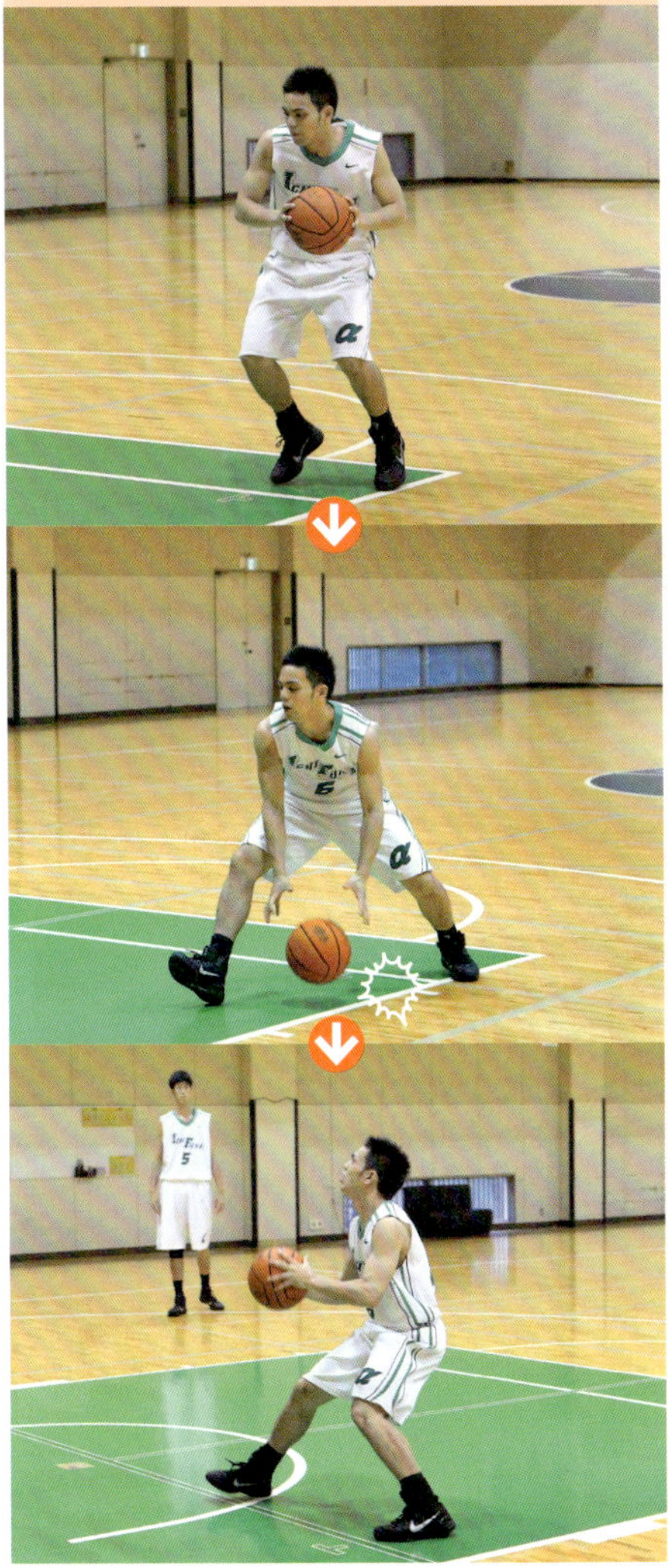

AがBからリターンパスを受けた直後、パワードリブルをつく（86 ページ）。こうしてしっかりと体を安定させることによってプレーの選択肢が増える

パターン③

後ろにパスを合わせる

AがBからパスを受けた後、Bも走り込みAからのリターンパスを後ろで受けて攻撃を展開する。これは大きなセンターがゴール下にいて、Aがシュートを打てなかったときのオプションプレーだ

三角形のレイアップシュート

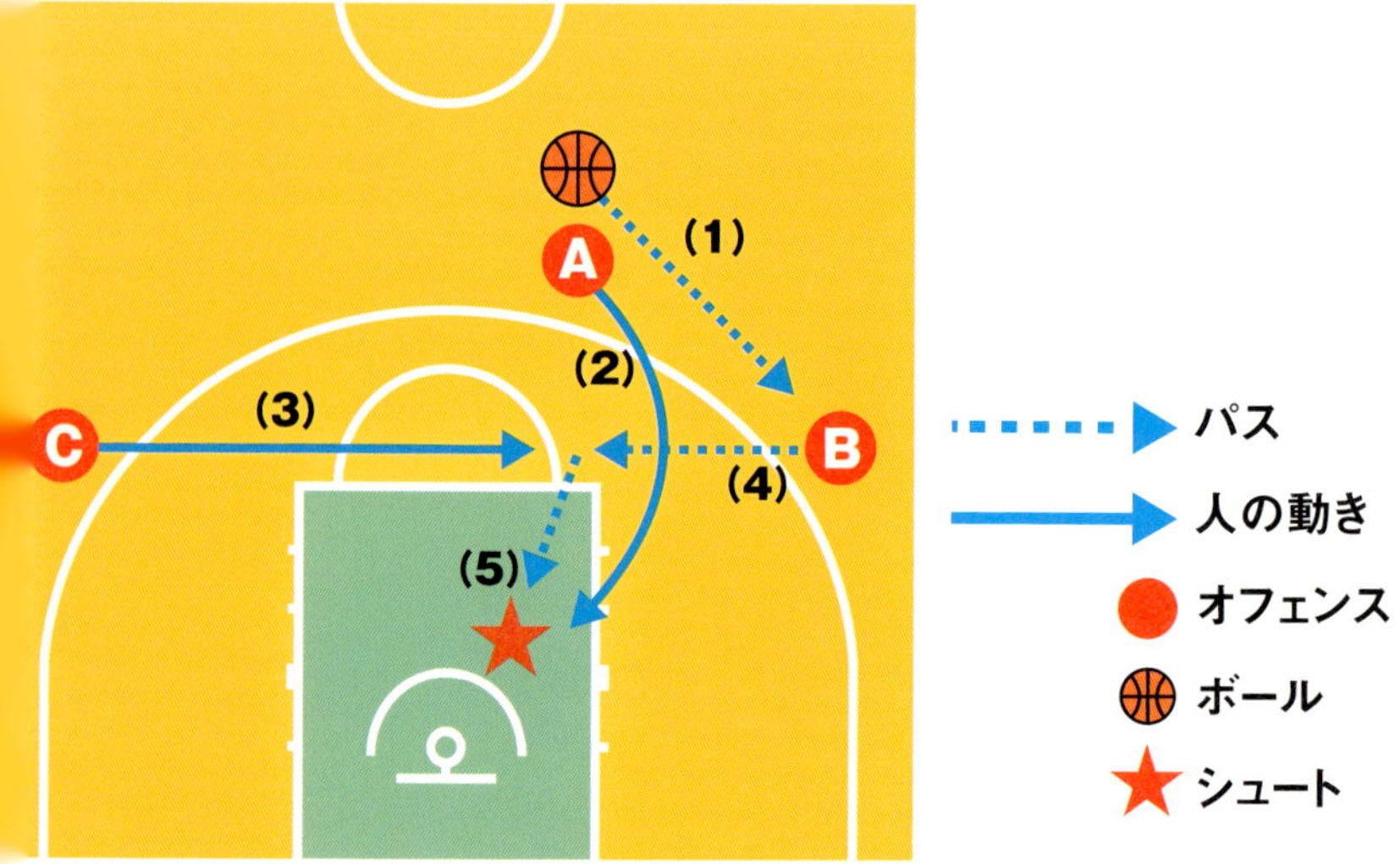

パターン④ ハイ・ロー

Aがトップから、ウイングのBにパスを出しボールサイドカットする

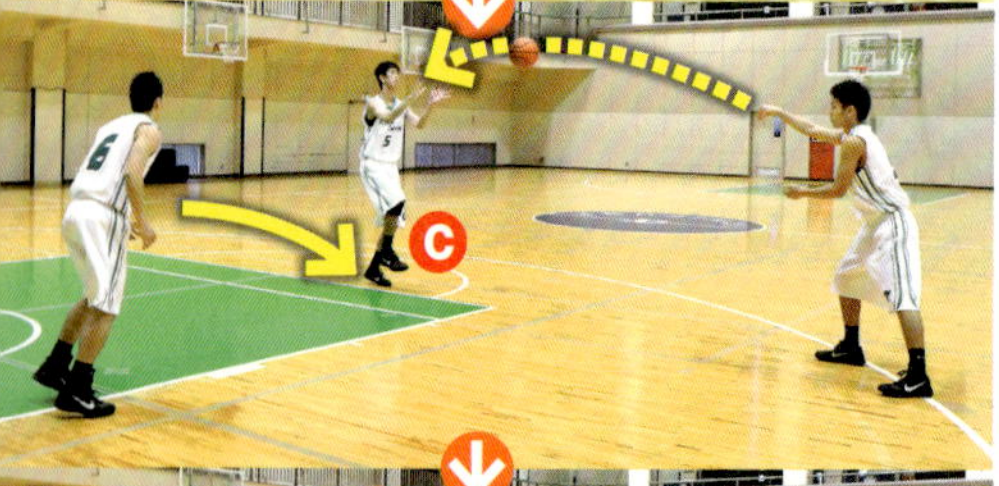

Cが逆サイドからボールサイドのハイポスト（フリースローライン周辺のエリア）に移動し、Bからパスを受ける

ディフェンスが対応できないように、ハイポストのCからローポスト（ゴール下のエリア）のAに速やかにパス。これは「ハイ・ロー」と呼ばれるプレーだ

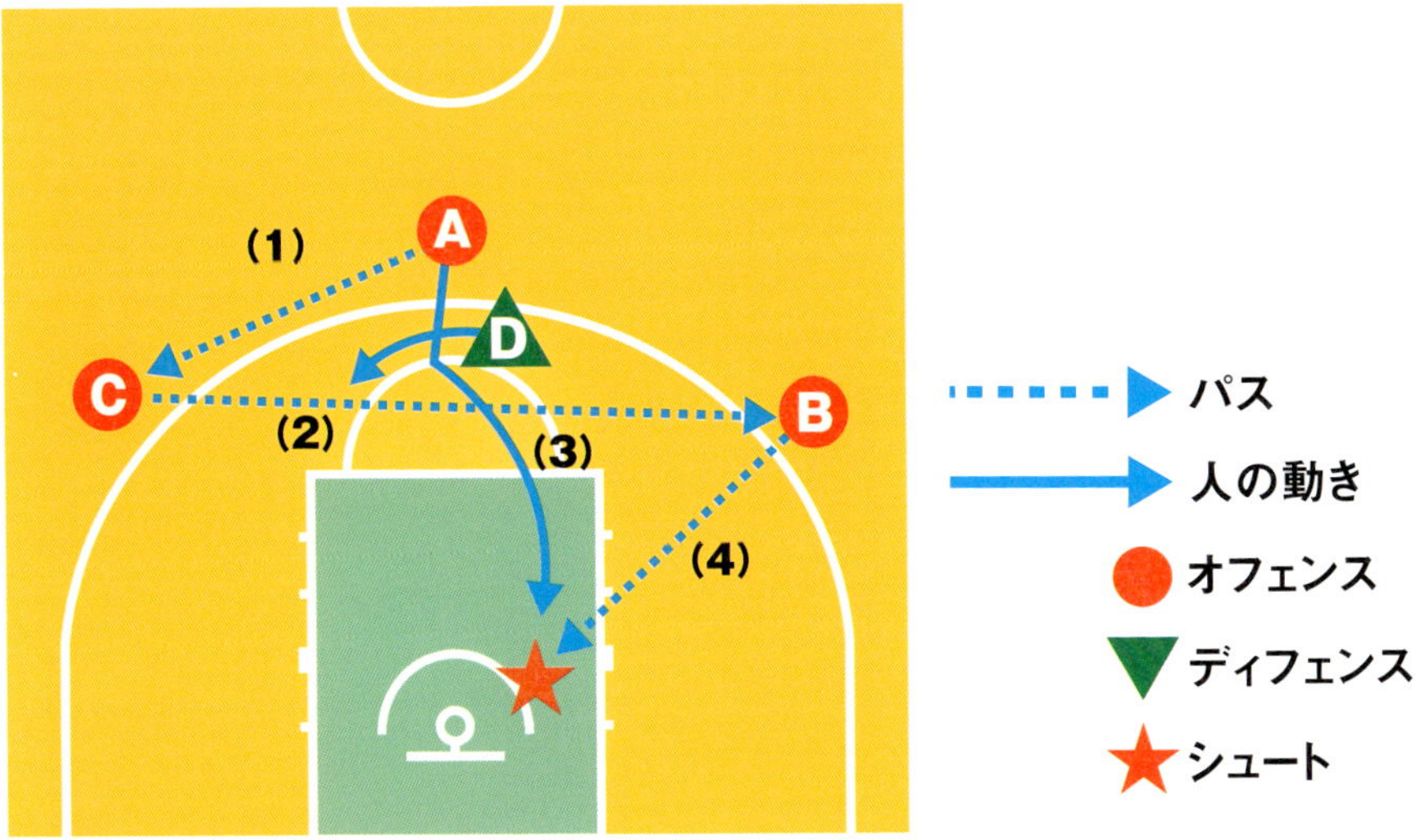

パターン⑤ スキップパスからのカッティング

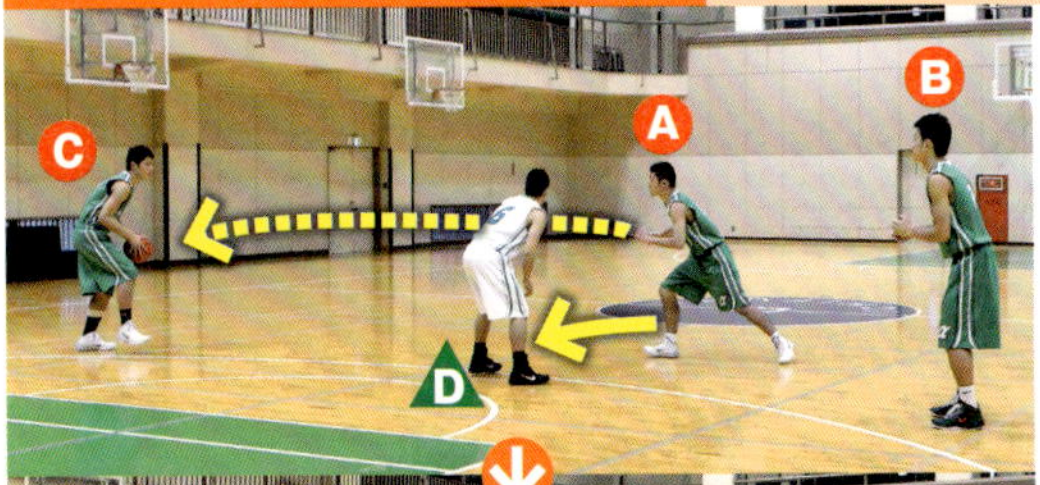

Aがトップから右サイドのウイングCにパスを出し、ボールサイドカットする素振りを見せる

パスを受けたCが、逆サイドのBにパスを展開し、それに対しAも反応する

ウイングBからのパスをAが受けてシュートに持ち込む

三角形のレイアップシュート

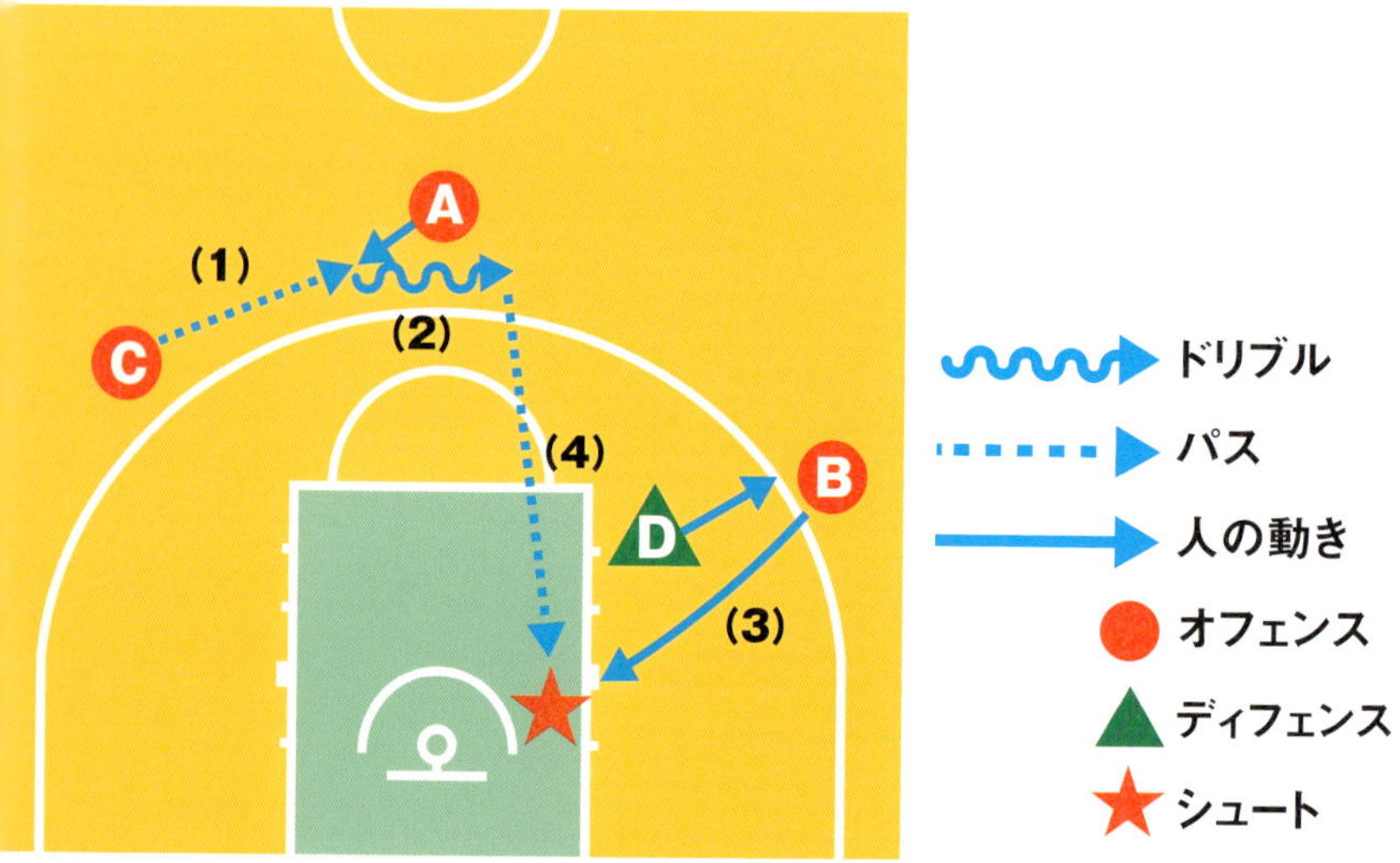
A
(1)
C
(2)
(4)
B
D
(3)
ドリブル
パス
人の動き
オフェンス
ディフェンス
シュート

パターン⑥ バックカット

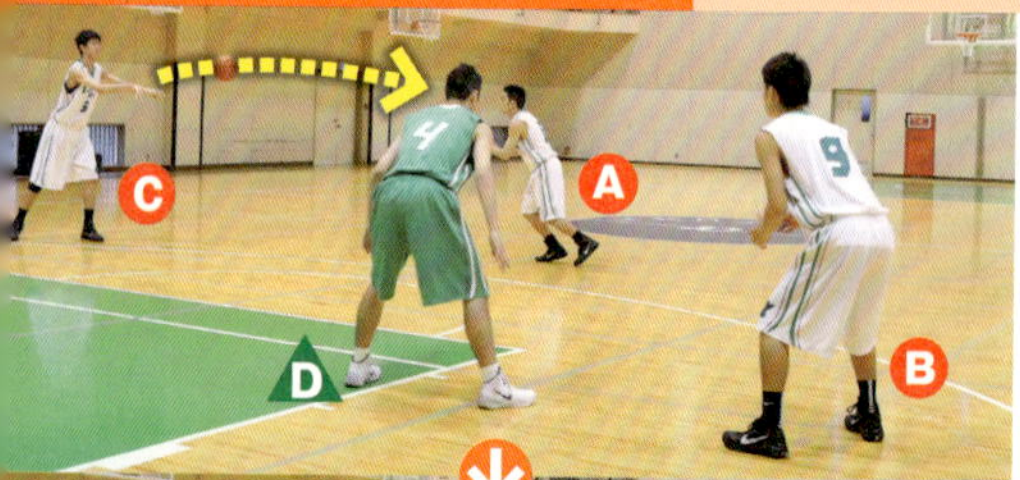
C
A
D
B

シュートを打つことになるBに対してディフェンスDがマークする状況を作り、逆サイドのCがトップのAにパスを出す

D

パスを受けたAはドリブルしながらBに寄る。それに対してディフェンスDがパスコースに入り過ぎる

B

そこでBは裏のスペースをつきながらゴールへとカッティングし、シュートチャンスを作る

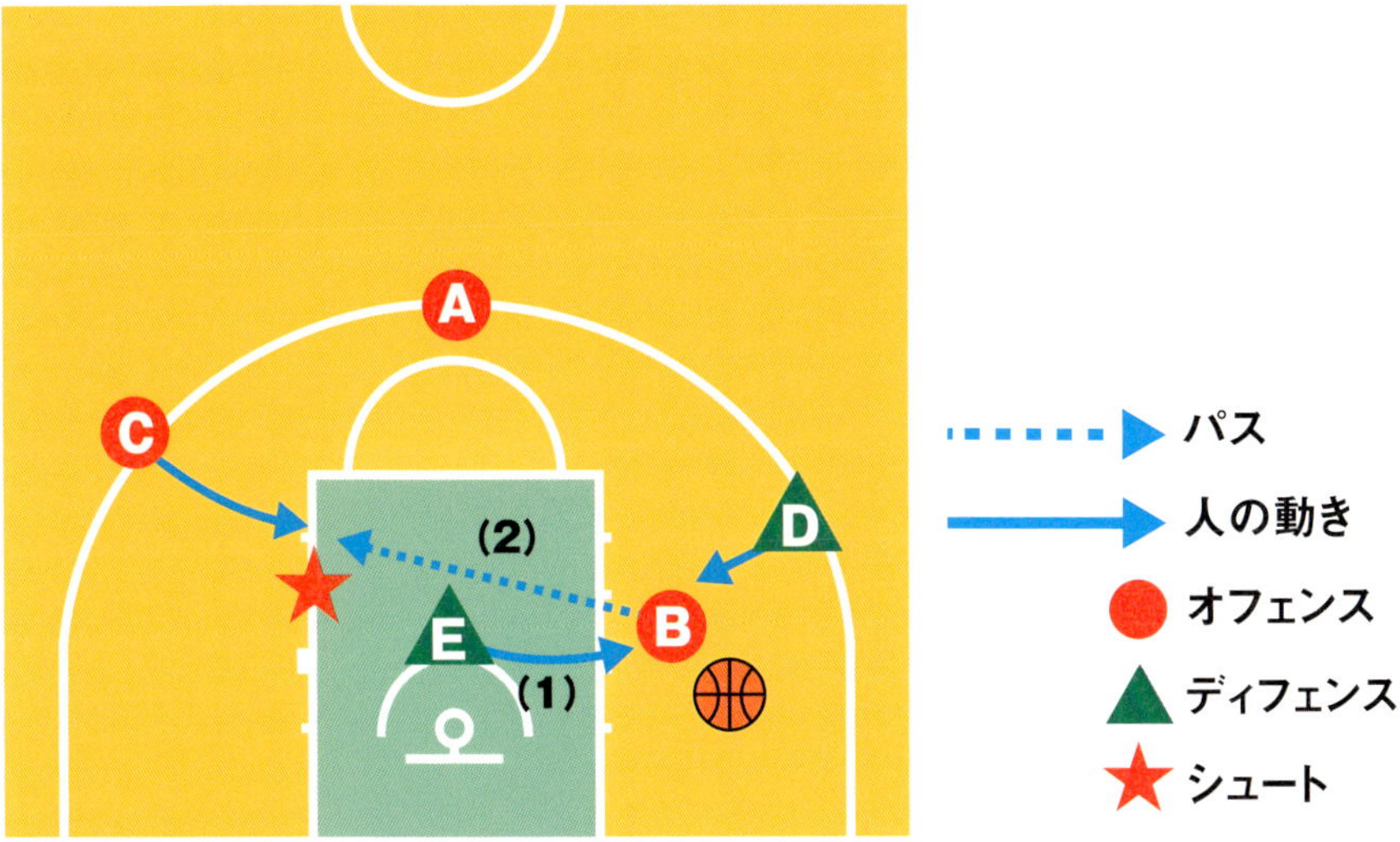

パターン⑦ ヘルプディフェンスをかわす合わせ

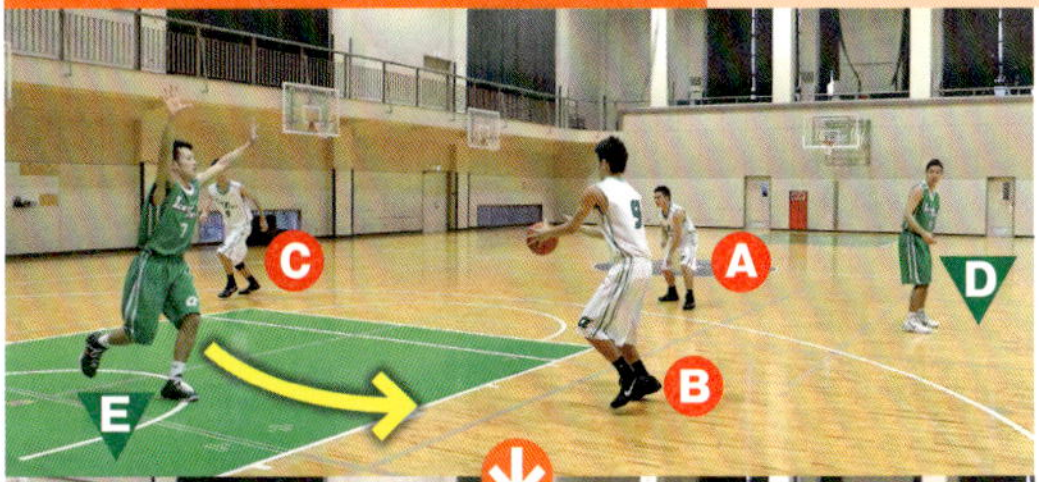

Bがシュートチャンスを作ったと思いきや、大きなヘルプディフェンスEが寄ってくるケースもある

ボールマンにプレッシャーがかかることを想定し、逆サイドのCもゴール方向に動き、パスを受けられる準備をする

このように3人の選手が意思疎通を図りながら、パスを合わせられるように動けることが「三角形のレイアップシュート」の狙いである

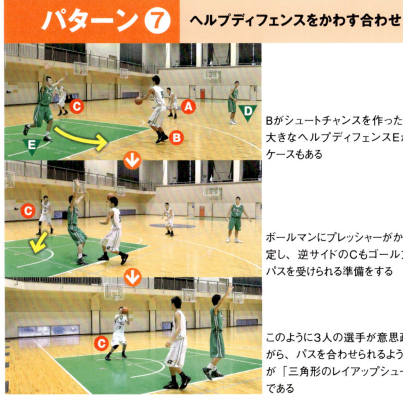

7

第6章

3対3の攻略法

バスケットボールは5人対5人で行われるチームスポーツ。その5人によるチームプレーを構築する上での土台となるのが3人のポジションどりや動き方だ。それは攻防両面でいえることで、すなわち「3対3」の戦術を備えておくことがチームプレーのレベルアップにそのままつながるわけである。また5人対5人の通常の試合のほかに、3人対3人の試合いわゆる「3×3（スリーバイスリー）」の国際大会も開催されている。両方の試合で通用する戦術を紹介しよう。

チームオフェンスを武器にしよう

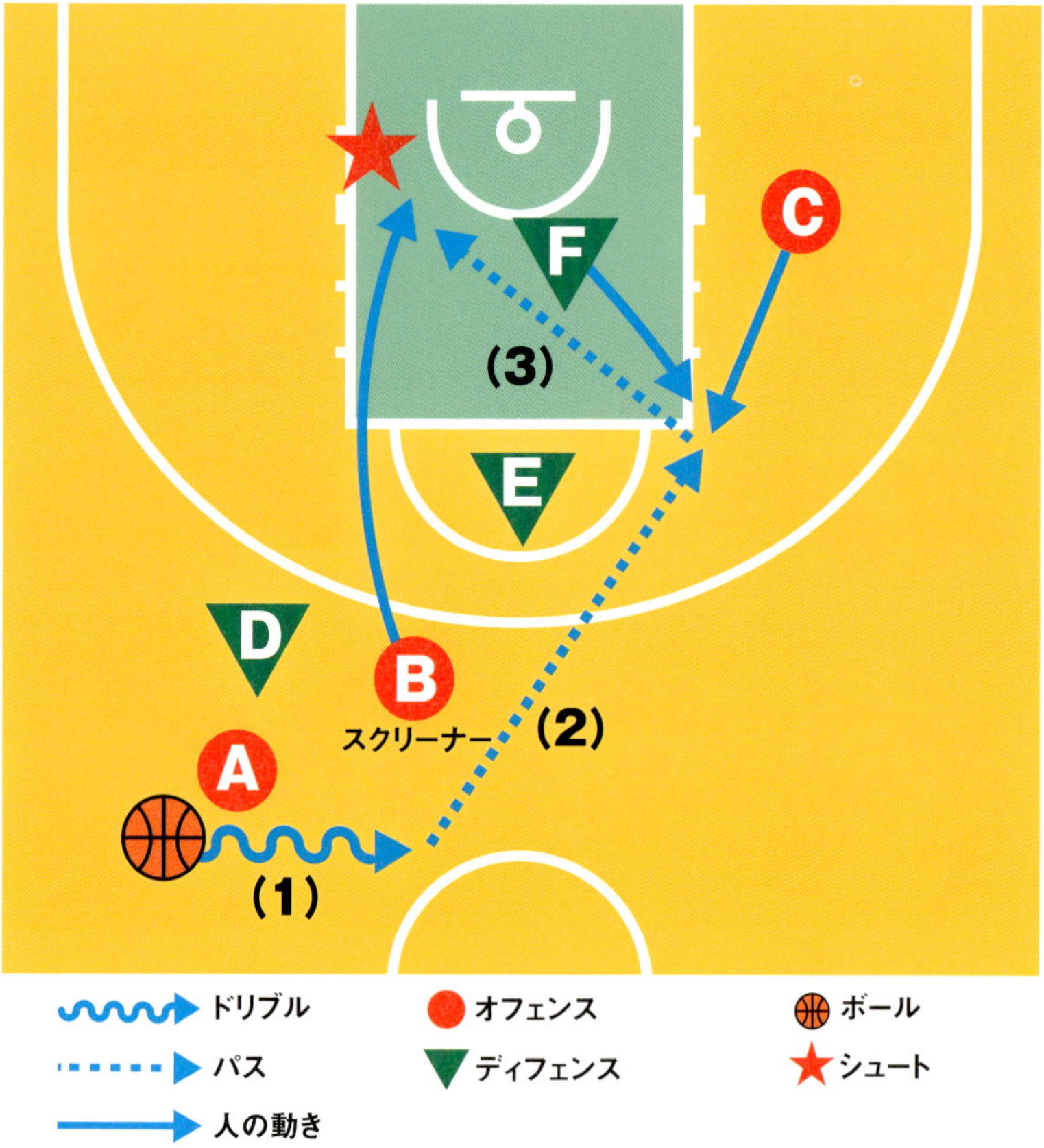
C
F
(3)
E
D
B
スクリーナー
(2)
A
(1)
ドリブル
パス
人の動き
オフェンス
ディフェンス
ボール
シュート

1対1と2対2と3対3の組み合わせから5対5に

バスケットボールの試合は5人対5人で行われますが、「1対1」と「2対2」、そして「3対3」の組み合わせによって成り立っていると考えられます。

写真を見てください。これは前章で紹介した2対2のピックアンドロール（114ページ）から、3人目の選手にパスを合わせるプレーです。このように2対2を展開しながら生まれたスペースに、3人目の選手が走り込むことによって、3対3がスムーズに展開されます。

その一方で、ボールマンが1対1で攻撃し、ボールを持っていない2人が2対2を行い、ノーマークの状態を作るような3対3もあります。このような攻略法を備えることによって、5人によるチームオフェンスの土台ができます。

1. Bがスクリーンをセットしようと、動き出す

2. ボールマンAがBのスクリーンを使う

3. Bがいたスペースに、Cが移動する

4. Aからのパスを、ハイポスト（フリースローライン付近のエリア）でCが受ける

5. さらにCが、ゴール下に走り込むBにパスを出して攻撃する

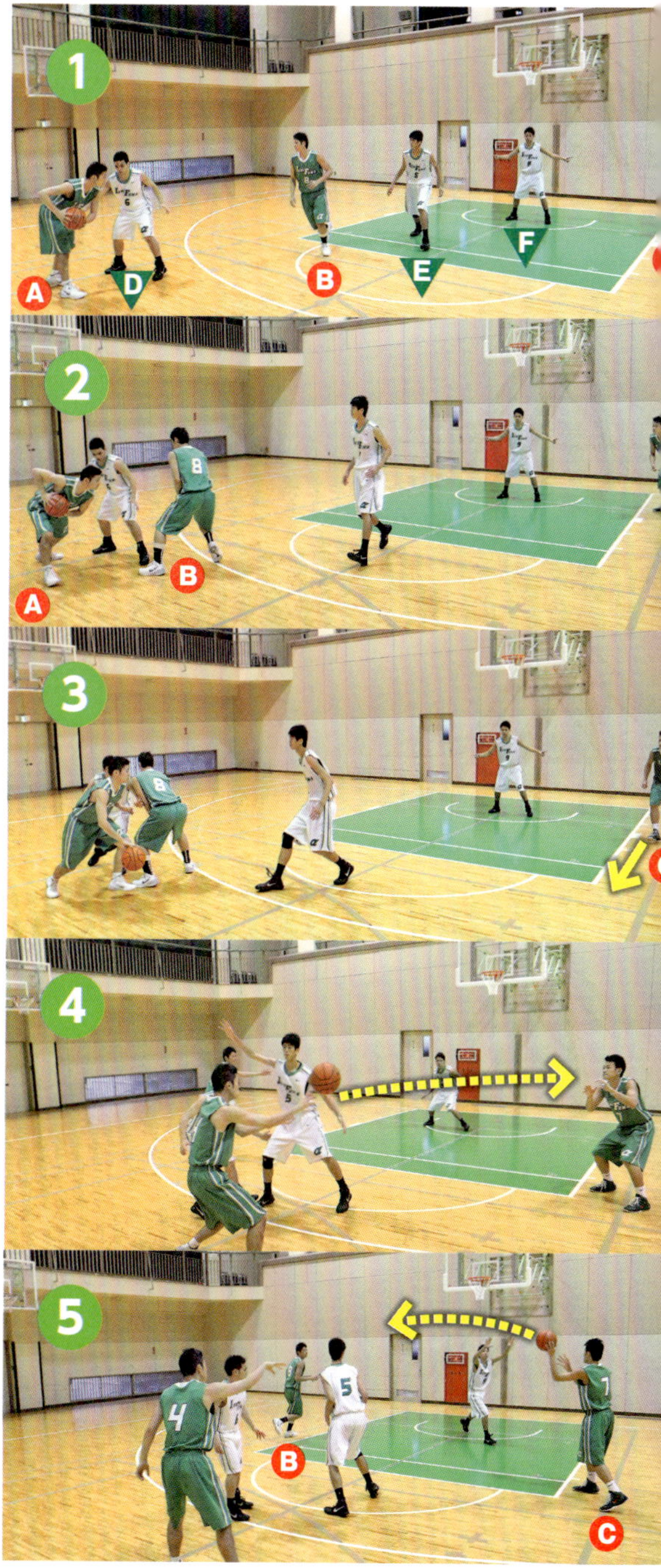

Point

スクリーンプレーの局面を切り取れば、「ピックアンドロールのダイブ」（116ページ）に相当します。ハイポストからローポストにパスをつないだプレーは「ハイ・ロー」（158ページ）です。つまり二つの戦術を組み合わせているわけです。

ディフェンスがスクリーンに引っ掛かったケース

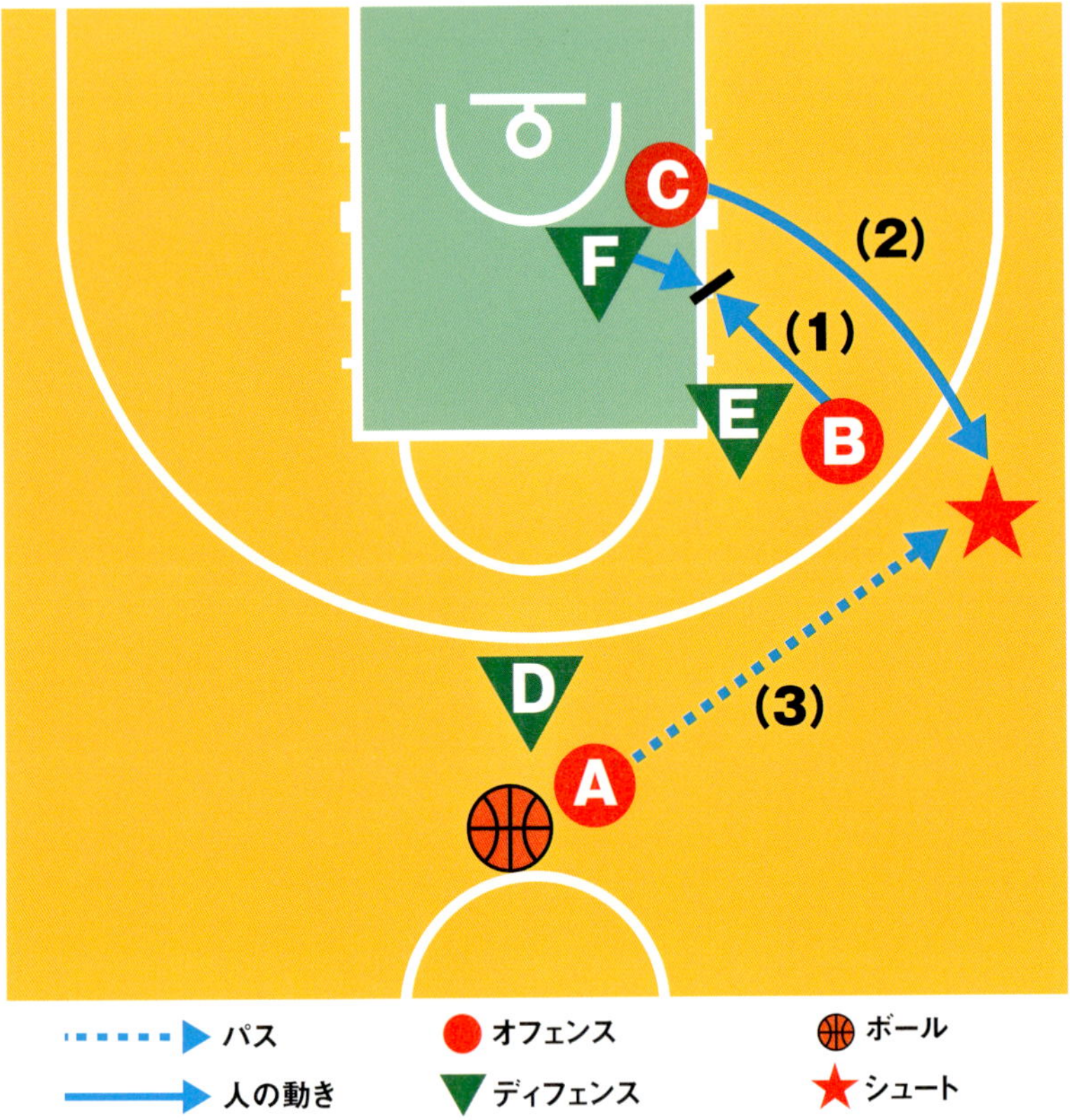

ユーザーもスクリーナーもボールを持たない状況

前章で紹介したスクリーンプレーは、ユーザーとスクリーナーのいずれかがボールを持つ状況でのものでした。ここから紹介するスクリーンプレーは、ユーザーもスクリーナーもボールを持たない2対2でのスクリーンプレーで、ボールマンの1対1も含めて3対3の状況となります。

その中で、スクリーナーがゴールのほうに向かって立ち、ユーザーがアウトサイドに出てくるプレーを「ダウンスクリーン」といいます。ユーザーのディフェンスFが、スクリーナーBに引っ掛かることによって、ユーザーCがアウトサイドでノーマークとなり、シュートを打てるわけです。この「ストレートカット」ができないケースを次ページ以降で紹介します。

1
Aがトップでボールを持ち、
Bがスクリーンをセットする

2
Cがスクリーンを使って、
アウトサイドに飛び出す

3
Cをマークしていたディフェンス Fが
スクリーンに引っ掛かる

4
Cはノーマークとなったため、
シュートを打つことができる

Point

ピックアンドロール（112 ページ）と同様、ボールを持たないスクリーンプレーにおいても、スクリーナーはディフェンスの動きを体の正面で力強く受け止めます。そしてユーザーはスクリーナーと体がこすれ合うようにする「ブラッシング」を意識しましょう。

ディフェンスが後ろから付いてくるケース

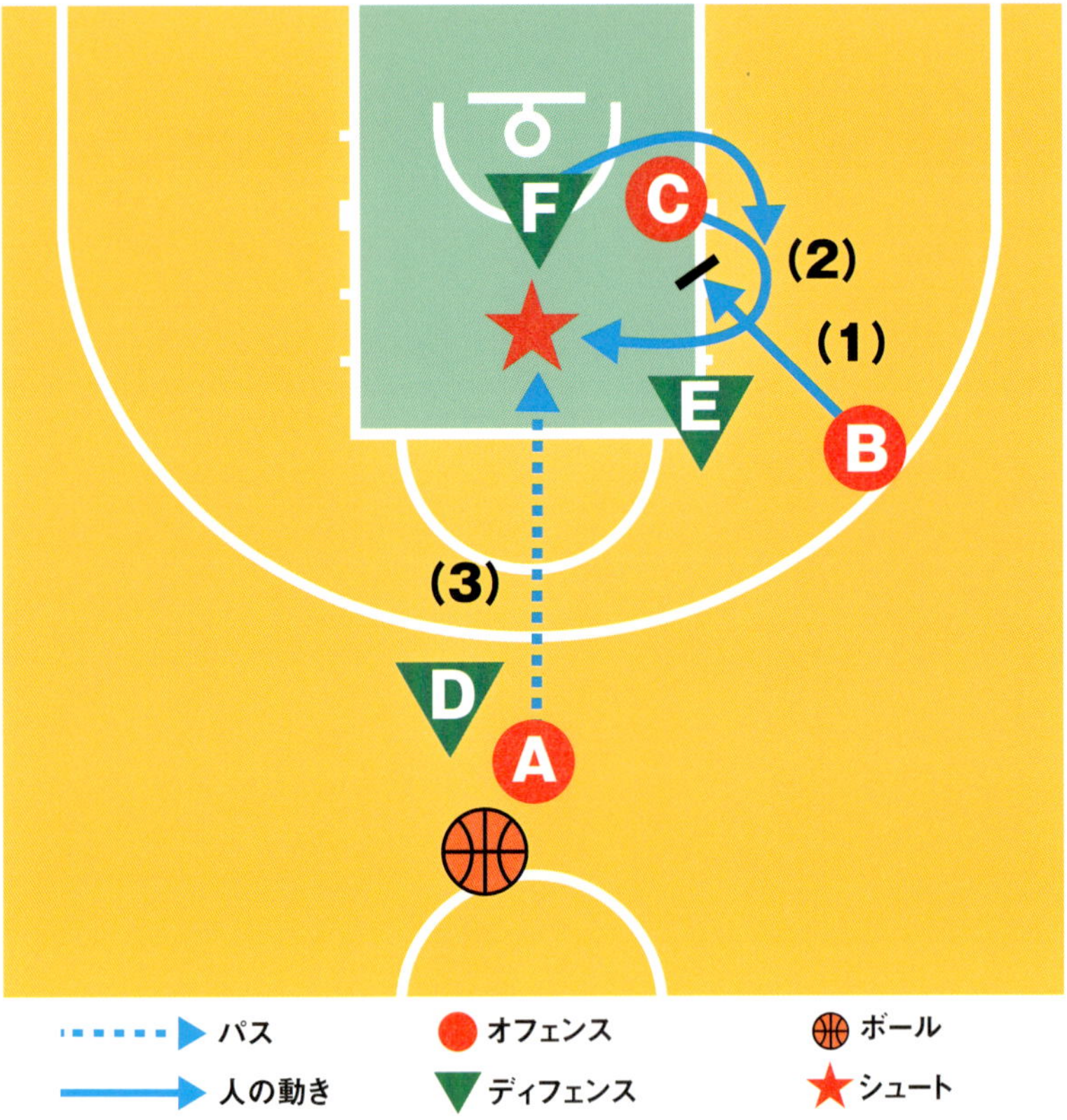

自分をマークしてくる相手がどう対処してくるか確認する

ディフェンスがスクリーンに引っ掛からず、スクリーナーをかいくぐってマークし続けるディフェンスを「ファイトオーバー」といいます。ディフェンスがファイトオーバーしているのに、ユーザーが（前ページのように）アウトサイドでパスを受けようとすると、パスをカットされてしまう危険性が高くなります。そこで、「カールカット」の動きが求められます。

・写真①② ユーザーCはスクリーナーBやボールマンAの状況を把握しつつ、自分をマークしてくるディフェンスFがどうマークしてくるか確認します。

・写真③④ ディフェンスFが後ろから付いてくるため、Cはスクリーンを巻き込むようにして動き、ディフェンスFのマークをかわします。

1
Aがトップでボールを持ち、
Bがスクリーンをセットする
C
D
F
E
B
A

F
C

2
Cがスクリーンを使って、アウト
サイドに飛び出そうとするが、ディ
フェンスFが後ろから付いてくる
F
C

3
Cはスクリーナー Bを巻き込むような動きで、
ディフェンスFがスクリーンに引っ掛かるように
する
F
C

4
Cはノーマークとなったため、
シュートを打つことができる

Point

ディフェンスがスクリーナーに引っ掛からず、かいくぐるようにマークし続けることを「ファイトオーバー」といいますが、その中でもユーザーの真後ろを追走してくるような、しつこいディフェンスは「チェイス」とも呼ばれています。そのようなディフェンスとボールがないところでも駆け引きし、スクリーンを有効に使うのです。

ディフェンスがスライドで先回りするケース

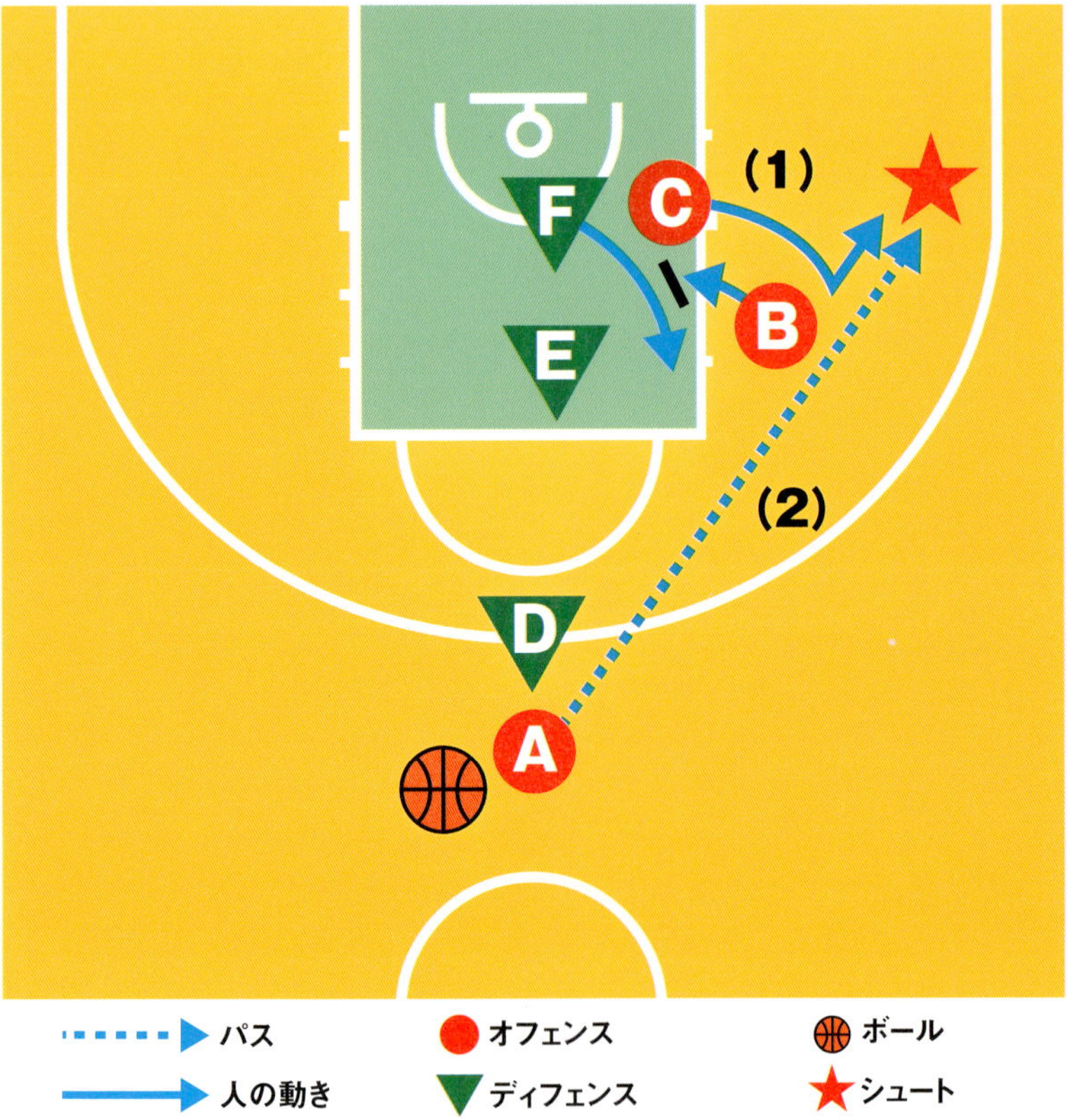

(1)
C
F
B
E
(2)
D
A
パス
人の動き
オフェンス
ディフェンス
ボール
シュート

ディフェンスから離れるようにコーナーの方向へ

ユーザーがアウトサイドでパスを受ける狙い（146ページ）や、カールカットしてシュートチャンスを作る狙い（前ページ）を、先読みするディフェンスもいます。つまり先にユーザーのコースに入れるように、スクリーナーの逆側から移動するスライドで対応してくるのです。そういう状況では、ディフェンスから離れられるように、ショートコーナーやコーナーの方向に膨らむ「フレアーカット」が有効です。

・写真①②　ディフェンスFが先回りしているため、ユーザーCはフロアを強く蹴って方向転換。

・写真③④　さらにユーザーCはターゲットハンド（写真では右手）をボールマンAに見せて、ショートコーナーやコーナーへのパスを要求します。

E
B
F
C

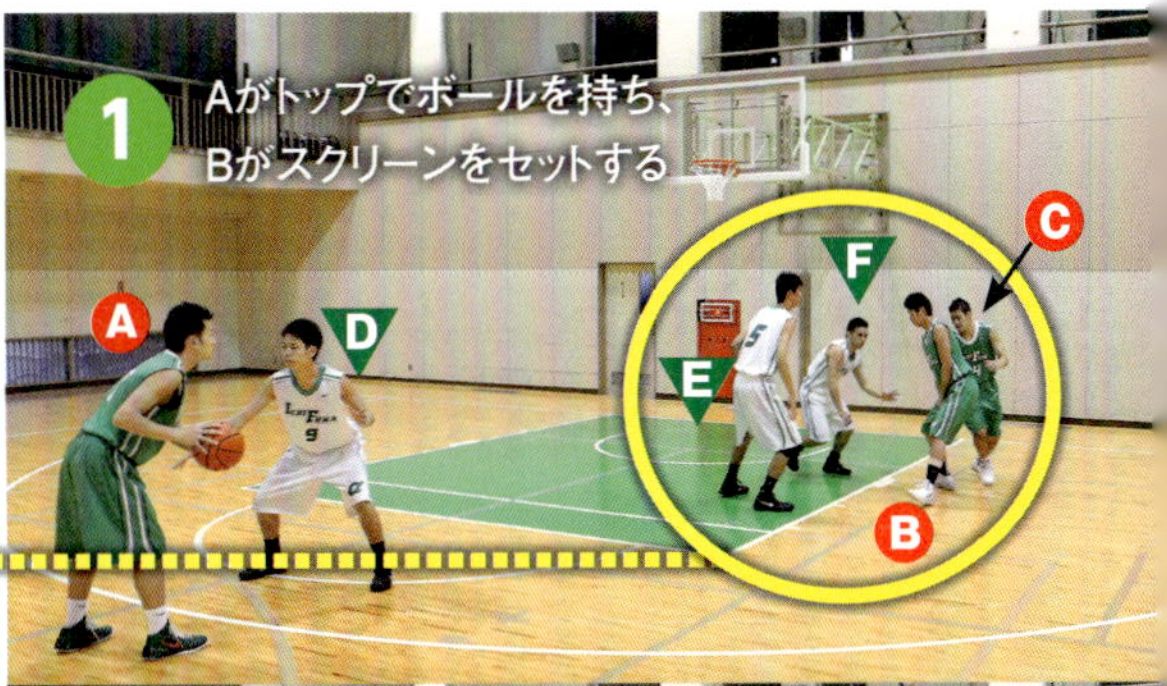
1
Aがトップでボールを持ち、
Bがスクリーンをセットする
A
D
F
C
E
B

B
C
F

2
ユーザーCをマークするディフェンスFが
スクリーナーBの逆側から移動する
B
C

3
ユーザーCはディフェンスFから
離れられるようにコーナーの方向へと動く
A
F
C

4
Aからのパスをショートコーナーでが受けて
シュートを打つ
C

Point

スクリーナーBがスクリーンの角度を変えるのがポイントです。ユーザーCがアウトサイドに出ようとしているときには、ゴールの方向に体を向けます。そしてフレアーカットを選択するとわかったら即座に足（写真では左足）を引き、ディフェンスFを体の正面で受け止められるようにします。ただし攻撃側のファウル「ムービングピック」をとられないように注意してください。ユーザーが通過してからセットし直すのが大切です。

ディフェンスの後ろからセットする

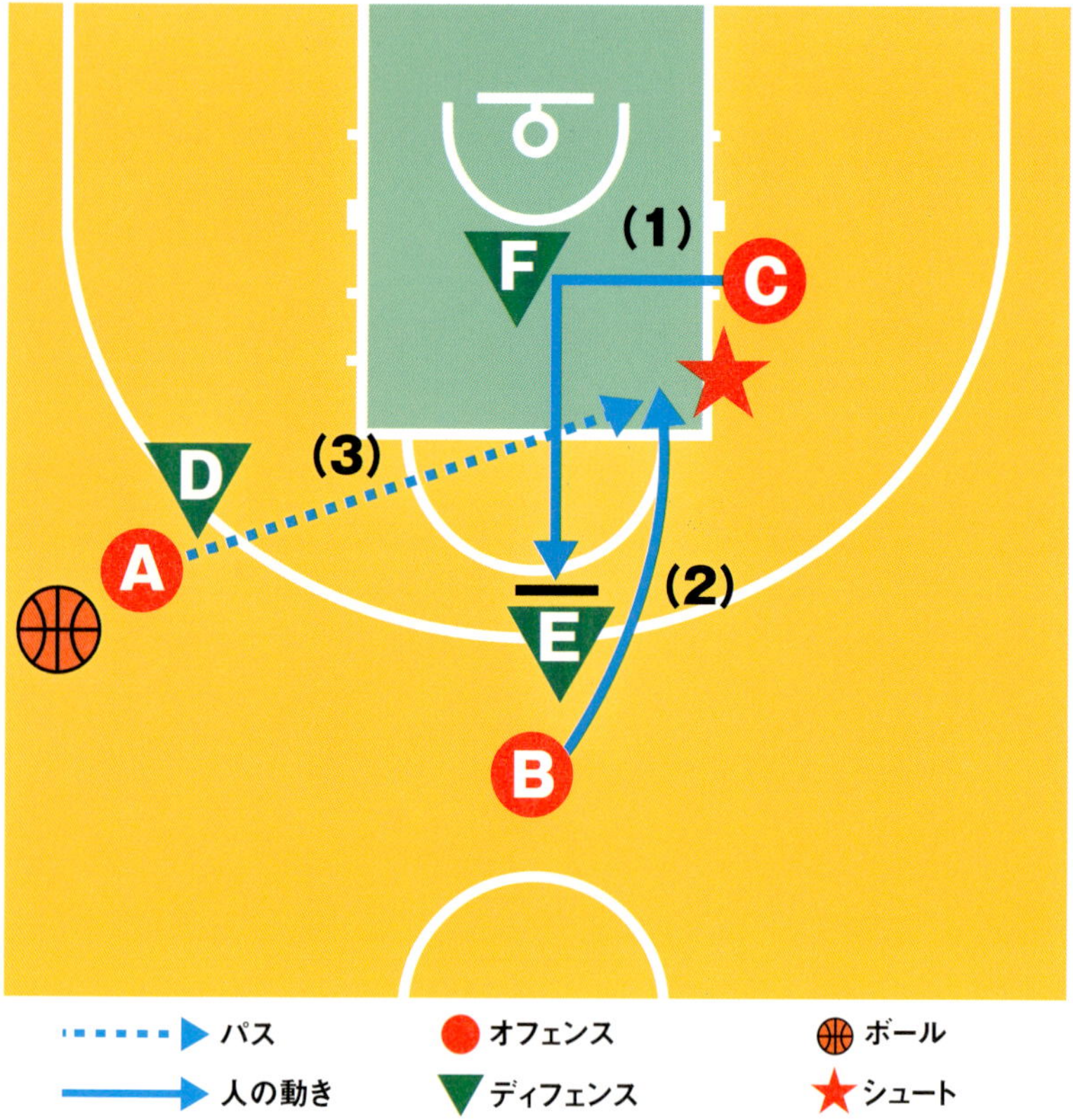

ディフェンスの意表をつくタイミングだと効果的

ディフェンスの後ろからスクリーンをセットするプレーが「バックスクリーン」です。ダウンスクリーンは主にユーザーをアウトサイドでノーマークにすることを狙いとし、バックスクリーンはインサイドでシュートチャンスを作るのに有効です。

・写真①②③　ディフェンスEにバックスクリーンを仕掛けるとき、Eに読まれるタイミングでスクリーンをセットしても引っ掛かりません。そこでCはポストアップしてパスを受けようとしてから、Eの背後へと動いています。それによってEは意表をつかれた形です。

・写真④⑤⑥　ユーザーBがゴール下に走り込んで、パスを受けてからドリブルをはさまずにシュートを打てるような連係プレーを備えましょう。

1
ウイングのAがボールを持ち、他の攻撃2人は、トップと逆サイドのローポストにいる状況
A
D
B
E
F
C

2
Cがローポストからパスを受けようと、ボールサイドに寄ってくるがディフェンスFにおさえられる
F
C

3
Cはバックスクリーンをセットするため、トップの方向に移動する
C

4
Cがバックスクリーンをセットし、Bがユーザーとなる
B
C

5
Bはスクリーナーを利用しながら、ディフェンスEのマークを外してゴールへと飛び込む
B
C

6
ウイングのAから、Bがゴール下でパスを受けてシュートを打つ
B

Point

ゴール下に走り込むユーザーがジャンプしながらパスを受けて、そのままシュートを決めるようなプレーはチームの士気を高めます。ダンクシュートができる選手がいるチームは、空中でパスを受けてそのままダンクを決める「アリウープ」にも挑戦してみましょう。

ゴールへと走り込むチームオフェンスの基本

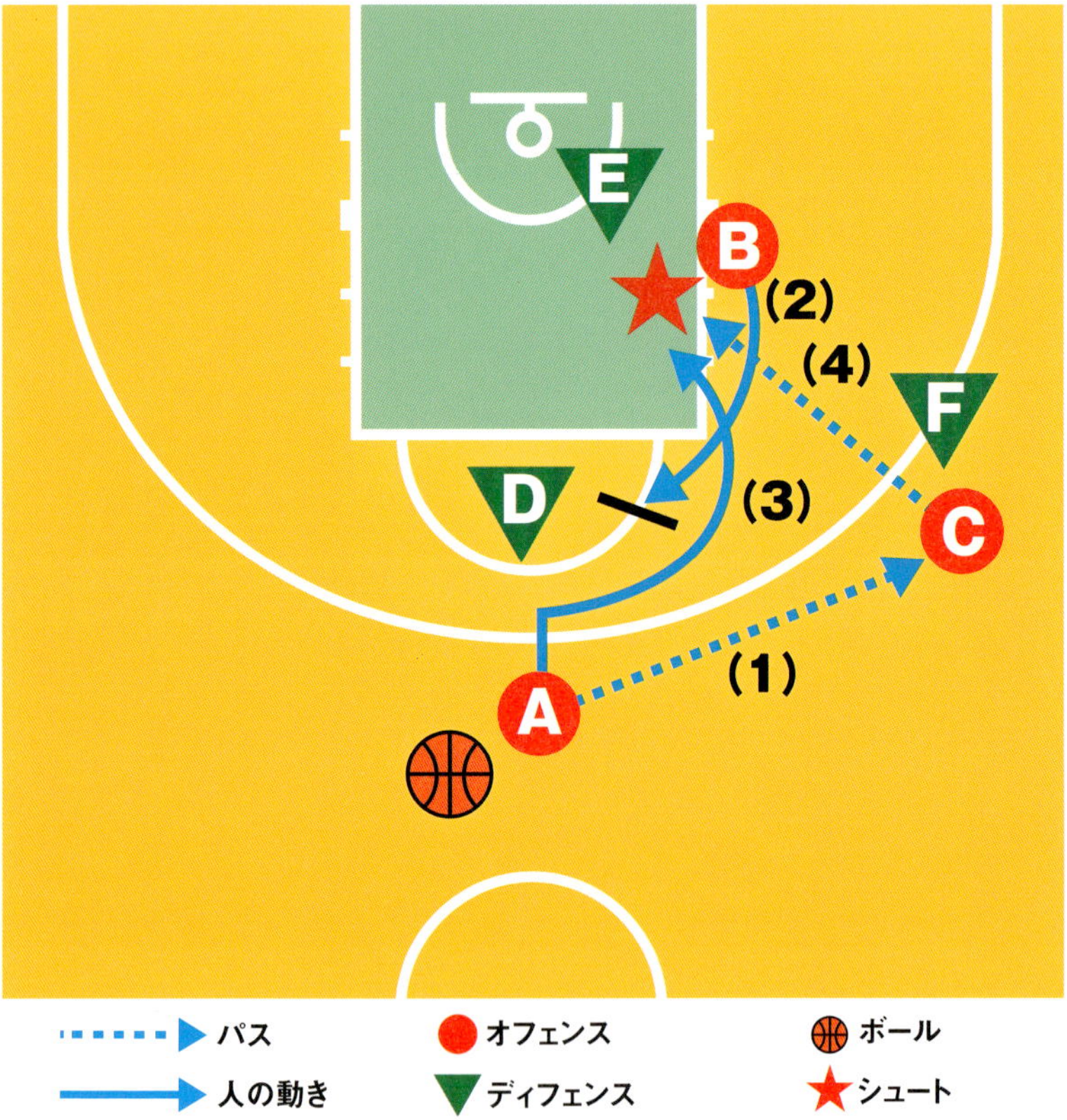
E
B
(2)
(4)
F
D
(3)
C
(1)
A
パス
人の動き
オフェンス
ディフェンス
ボール
シュート

トップにいるユーザーの得点力を最大限に活かす

３対３の攻略法として、ベースとなり得るチームオフェンスです。アメリカの名門大学ＵＣＬＡ（カリフォルニア大学ロサンゼルス校）が得意としたことから「ＵＣＬＡカット」と呼ばれています。

・写真①②③　動き方としては、バックスクリーンを利用しながらボールサイドカットする形を３人で連動させます。

・写真④⑤　この攻撃の最大のメリットは、トップにいるユーザーＡの得点力を活かせるところです。特にＡの身長がディフェンスより高かったり、インサイドでの強さが備わっている場合には、より有効に使えます。写真ではランニングステップからシュートに持ち込んでいますが、いったん止まってから１対１を仕掛けることもできます。

1 トップのAからウイングのCにパスが渡った状況

2 Bがローポストから移動し、バックスクリーンをセットする

3 Aはスクリーナーを利用しながらボールサイドカットする

4 Aをマークするディフェンスがスクリーンに引っ掛かる

5 ノーマークになったAがウイングのCからパスを受けてシュートを打つ

Point

ユーザーAをマークするディフェンスDが、UCLAカットのコースをおさえている場合には、ボールサイドではなくゴール方向に走り込むことによってシュートチャンスが生まれるケースがあります。

UCLAカットから展開できるようにしておく

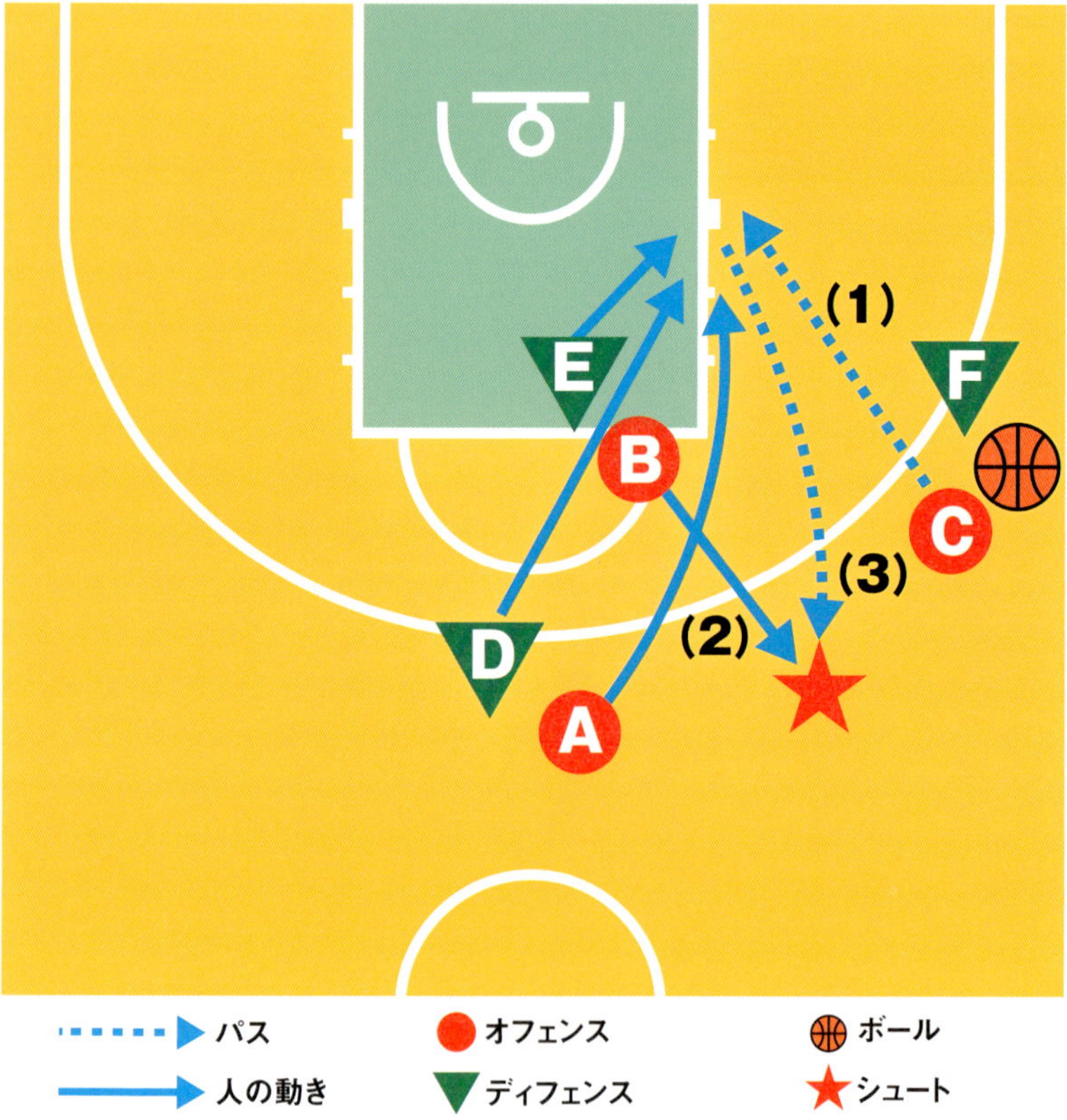

ディフェンス2人を引き付け アウトサイドの選手を活かす

UCLAカットを行ってインサイドでパスを受けたとき、スクリーナーのディフェンスがヘルプしてくるケースがあります。その場合、ボールマンのガードに対して、相手の大きなセンターがヘルプすることが多いだけにシュートが難しくなります。そこでUCLAカットから展開していきます。

・写真①②③　インサイドでパスを受けたAに対して、スクリーナーのディフェンスEだけでなく、ディフェンスDもしつこくマークしてきた場合、ノーマークになっているチームメイトが必ずいるはずなので、まわりをよく見ます。

・写真④⑤　スクリーナーのBがポップアウト（118ページ）することによってディフェンスから離れることができ、シュートチャンスが生まれます。

Point

UCLAカットからそのままシュートを打てなくても、このようにインサイドを攻撃することによって、ディフェンスはインサイドを意識します。そうさせておいてアウトサイドに展開する「インサイドアウト」によって、チームオフェンスのバランスがよくなり、ディフェンスを困らせることができます。

相手センターを引き出してインサイドをつく

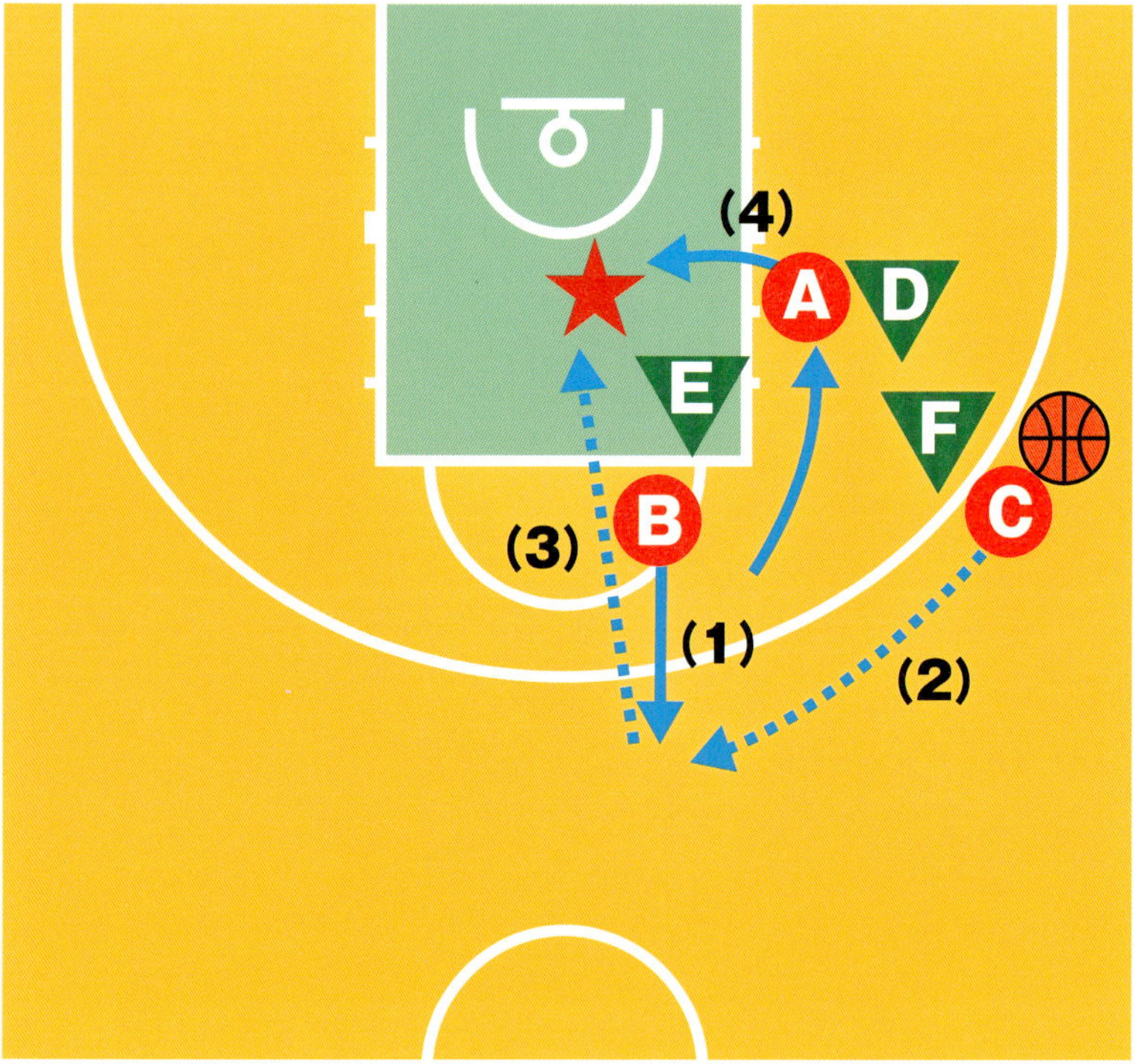

パス　オフェンス　ボール
人の動き　ディフェンス　シュート

インサイドで1対1を優位に進める選手にパスを出す

ハイポスト（フリースローライン付近のエリア）からローポスト（ゴール近辺のエリア）にパスをつなぐ攻撃は「ハイ・ロー」と呼ばれています。UCLAカットした選手にパスできないときに、このハイ・ローへと移行することができるのです。

・写真①②　ハイポストでバックスクリーンをセットしたスクリーナーBがパスを受けます。写真ではそこからポップアウトしているため、3ポイントラインの外に出ていますが、ハイポストからの攻撃でもプレーの方法は同じです。

・写真③④⑤　アウトサイドでBが1対1を仕掛けることもできますが、インサイドのAが1対1を優位に進めているためパスを出すのです。

1
Aのボールサイドカットに対して、ディフェンスD
がファイトオーバーで対処しようとしている状況
E
F
B
A
C
D

2
ディフェンスDがAへのパスコースをおさえてい
るため、Cはポップアウトしたパスに
A
C
D
B

3
アウトサイドではBをディフェンスEがマークし、
インサイドではAがポストプレーの構えをとる
A
E

D
A
ICHI FUNA
4

4
Aはターゲットハンドを見せてパスを要求し、
逆の手でディフェンスDとコンタクト
D
A

5
Aのインサイドでの得点力が
活かされるプレーだ
A

Point

ウイングからのパスコースに体を入れていたディフェンスDに対し、Aはゴールの方向にポジション移動されないようにしっかりとロックします（写真では左手）。そしてターゲットハンド（写真では右手）を出して、パスを確実に受けられるように準備しましょう。

ディフェンスの裏のスペースをつく

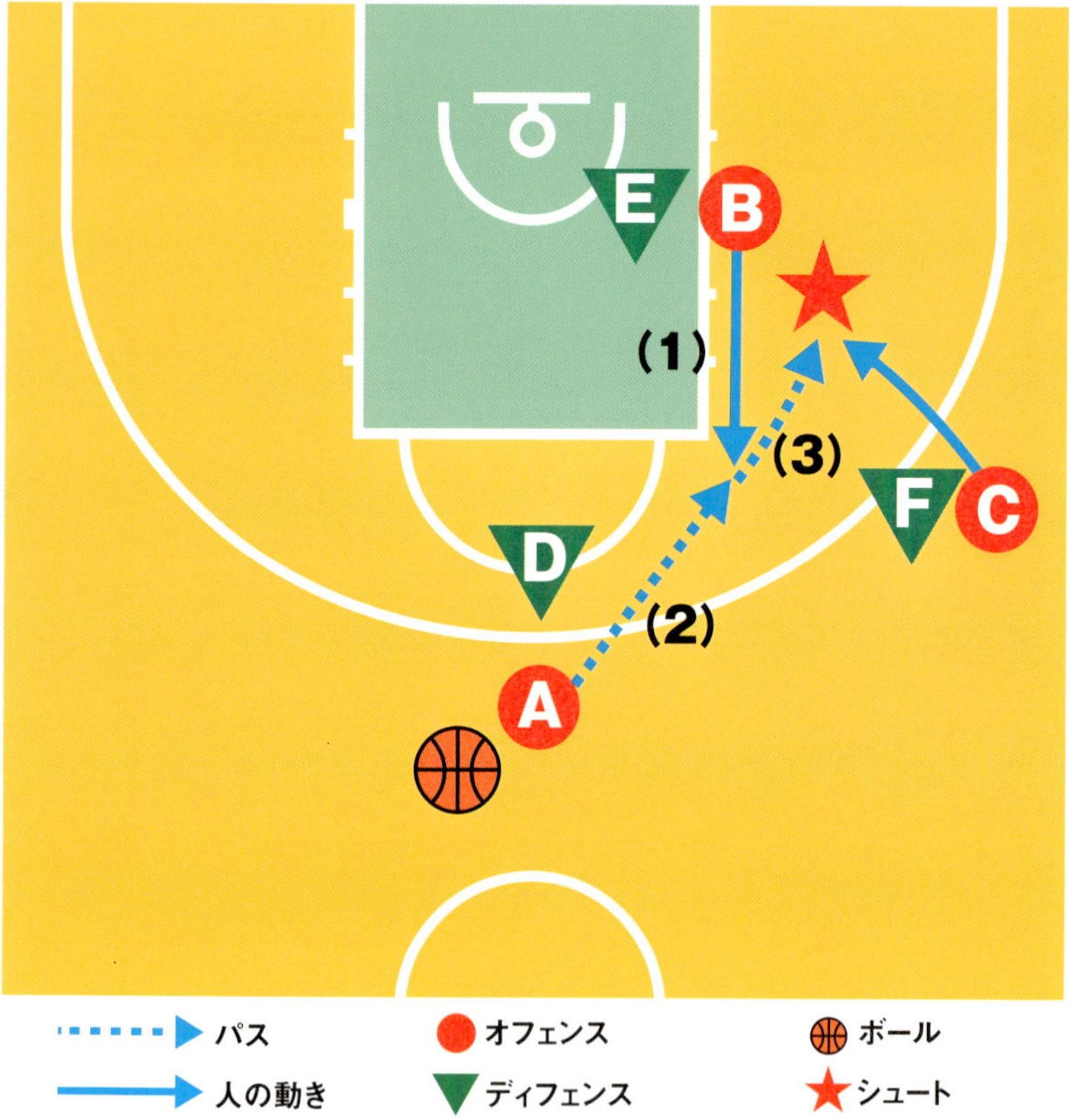

背後に走り込む選手に後ろ向きのバウンドパス

　トップからウイングにパスが出せず、ハイポストに移動した選手にパスが渡ってからの展開で、UCLAカットのオプションプレーに相当します。

・写真①②　ローポストにいたBがハイポストに移動してパスを受ける攻撃法です。そこからBが1対1を仕掛けることもできます。

・写真③④⑤　Bが空けた裏のスペースにウイングのCが走り込みます。Bはパスを受けたときの体勢を変えず、背後に走り込むCに後ろ向きのバウンドパスを出すのです。バウンドさせることによってCはパスが受けやすくなります。

　華やかなチームオフェンスの代表格で、これが決まるとチームの士気が高まります。

1
AからCにパスが出せない状況
B
E
D
F
A
C

2
Bがハイポストでパスを受ける

3
AからBにパスが渡るタイミングに合わせて、
Cが裏のスペースに走り込む
C
A
B

4
BからのバウンドパスをCが確実に受ける

5
ノーマークになることができればレイアップ
シュートに持ち込める

Point

ハイポストのBがAからパスを受けられない場合や、Cの走り込むタイミングによっては、Aからダイレクトにパスをもらったほうが確実なケースもあります。さらに空中でパスを受けて、そのまま決めるアクロバティックなプレーにも挑戦してみましょう。

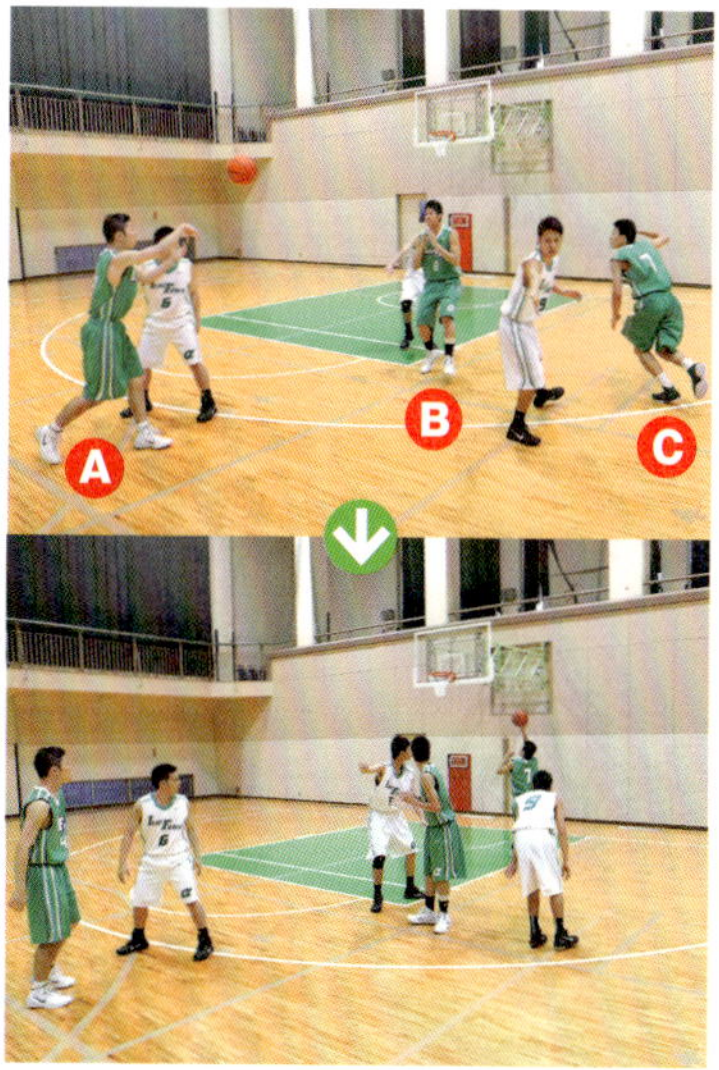
B
A
C

基本レッスン——アウトナンバードリル①

逆を攻めながらディフェンスを引き付ける

相手より数的に有利な状況を「アウトナンバー」といいます。ディフェンスで相手のボールを取った後や、ディフェンスリバウンドを確保した後の速攻では、いかにこのアウトナンバーを作れるかが攻撃の成否を分けます。それだけに私のチームでは、このアウトナンバードリルに毎日、かなりの時間を割いて取り組んでいます。

まず3対2の状況を設定し、最初にボールを持ったAのアクションで、2対1の状況を作ります。そしてAからパスを受けたBのアクションで1対0の状況、すなわちディフェンスがいない状況を作り、確実にシュートを決めるのです。

このページでは一つ目のパターンの流れをおさえ、次のページでこのアウトナンバープレーを成功させるポイントについて説明しましょう。

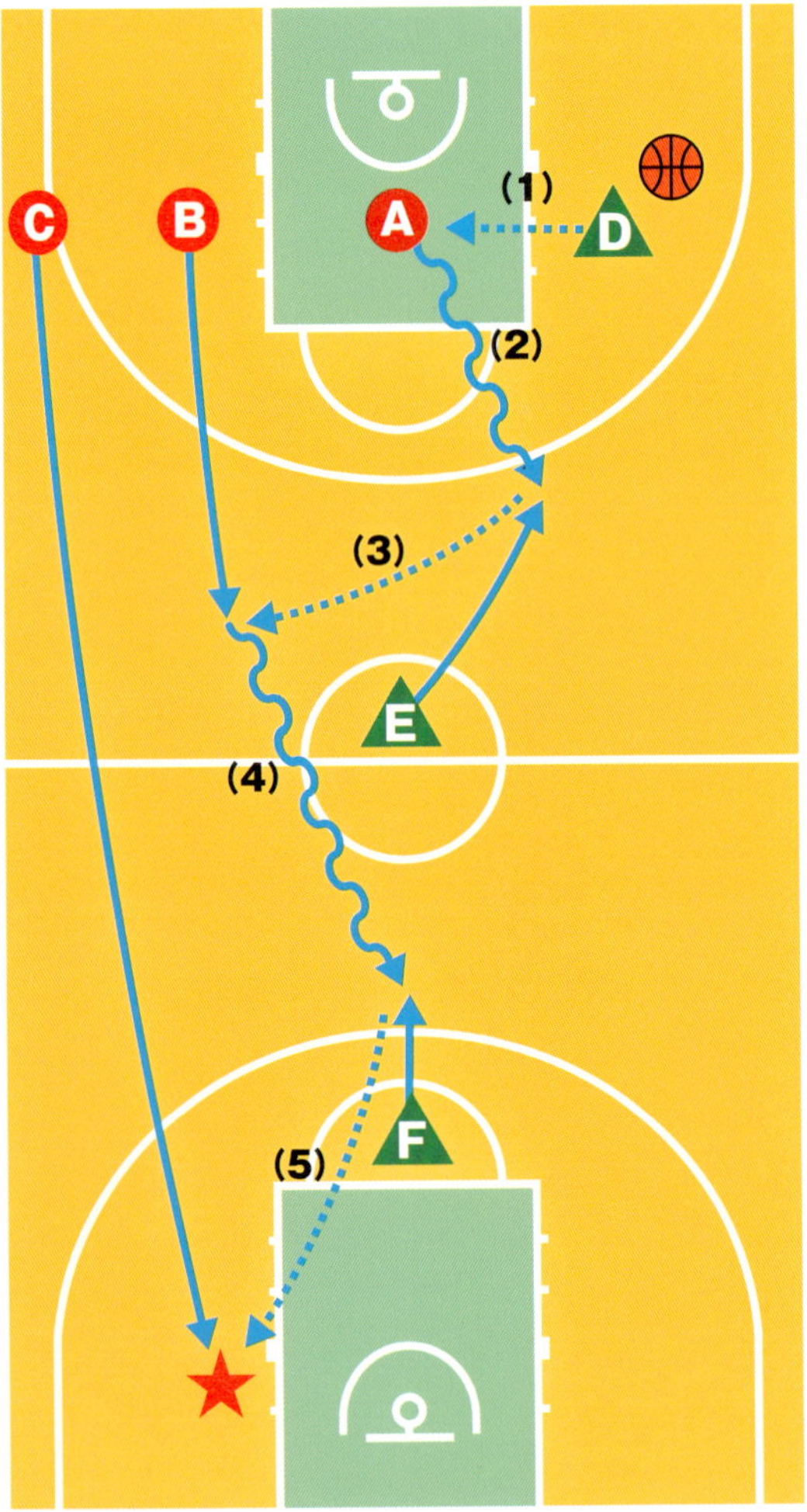

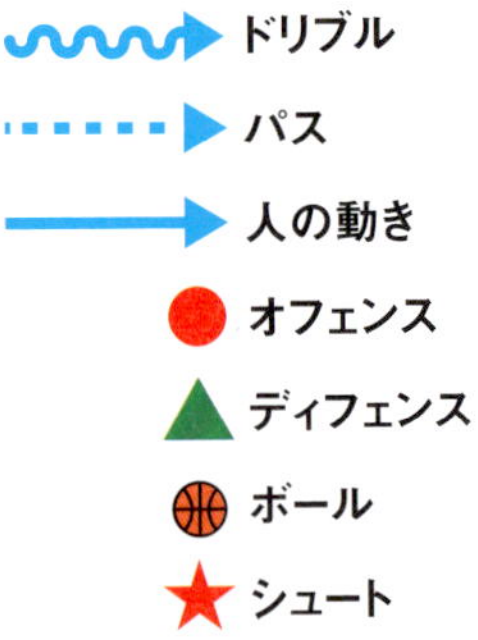

1 攻撃が片方のサイドに3人並び、ディフェンス3人は縦にポジションをとる

2 ディフェンスのDが攻撃のAにパスして3対2の、アウトナンバーの形を設定する

3 Aは、Bにパスできるように、逆方向にドリブルしながらディフェンスEを引き付ける

4 AがBに対してパスすることによって、2対1の状況が作られる

5 Bは、Cにパスできるようにドリブルのコースを選びながらディフェンスFを引き付ける

6 パスを受けたCの前にはディフェンスがいない、「1対0」のシュートチャンスが作られる

基本レッスン――アウトナンバードリル①のポイント

ディフェンスの重心の逆にパスする形に

前ページで紹介したアウトナンバードリル①のなかで、ボールマンAがBにパスを出すシーンを切り取って説明します。

ボールマンAがBから離れるように逆側にドリブルすることによって、ディフェンスEの重心が傾き、十分に引き付けることができます。この状態からパスを出すことによって、ディフェンスEはボールに付いていくことができません。つまり、パスを受けたBがアウトナンバーの状態で攻撃を展開できることを意味します。

逆に、ディフェンスを引き付けず何となくパスするだけでは、ディフェンスEに対応されて、アウトナンバーにはならないということです（NG写真）。

NG

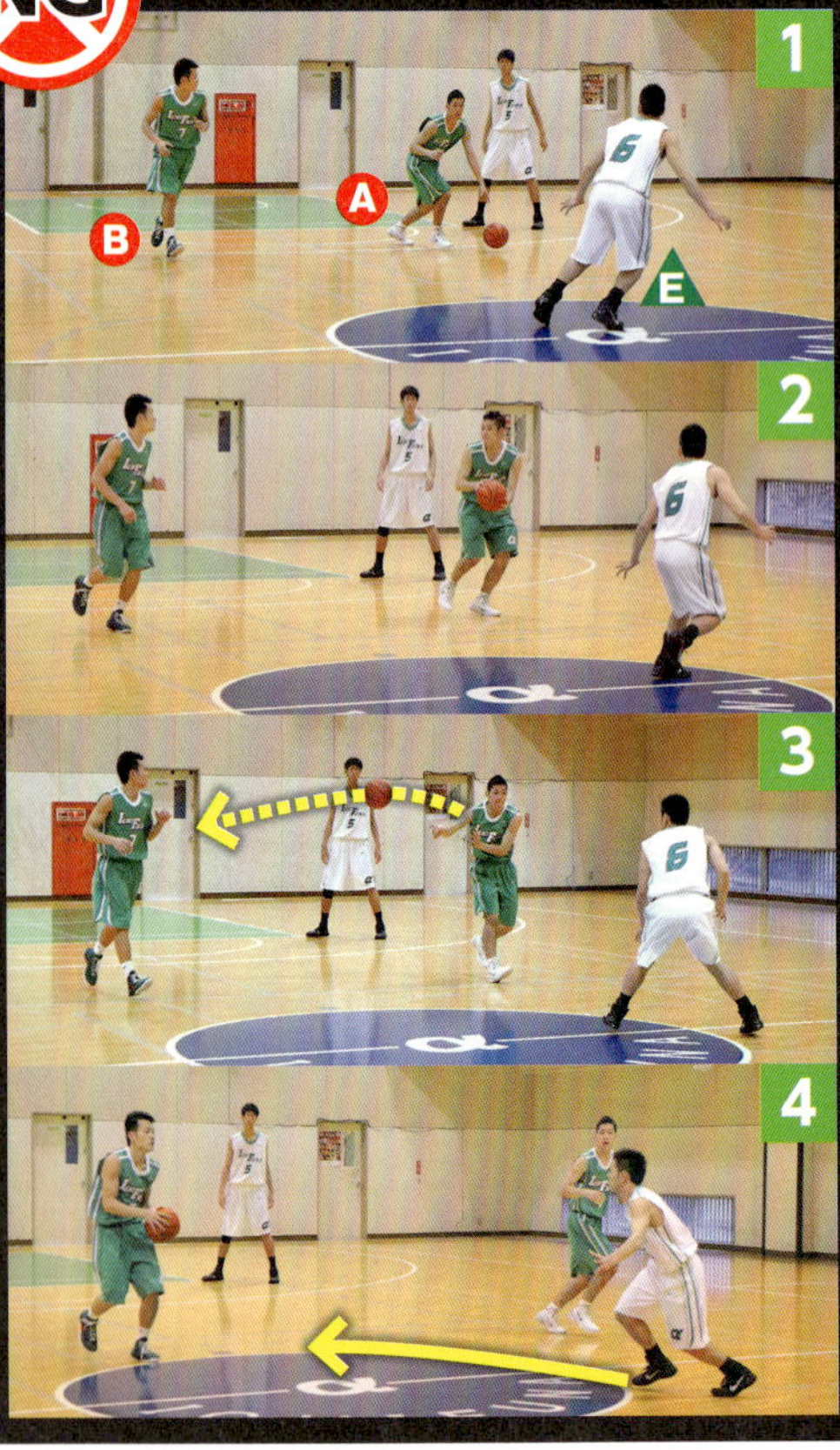

ボールマンAがディフェンEのほうに向かってドリブルすると、ディフェンスの重心が傾かず、十分に引き付けることもできない。すなわち、AからBにパスが渡ったときにディフェンスに間合いをつめられてしまうということだ

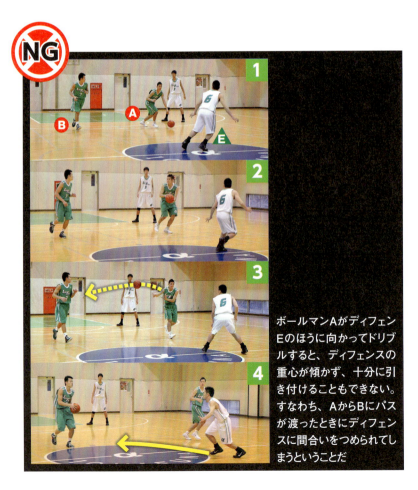

1
ボールマンAが、Bとは逆側を攻めることによってディフェンスEの重心が一方（写真では右側）に傾く
A
B
E

2
AはディフェンスEを引き付けた状態でしっかりと止まり、両手で強いパスを出す

3
パスを受けたBは、Eのプレッシャーを受けることなく、攻撃を展開できる

4
Eは、残りのディフェンスを2対1のアウトナンバーで攻撃することができる

基本レッスン――アウトナンバードリル②

ジグザグに攻めるアウトナンバープレー

アウトナンバーの状況での二つ目の攻撃パターンのキーワードは、「ジグザグ」です。ディフェンスが読む方向にドリブルで進んだり、パスをつないでいるだけでは対応されてしまいます。そこでディフェンスに読まれないように、のこぎりの刃のようなジグザグにボールを動かしながら攻めるというわけです。

その流れをこのページでおさえておき、次のページでこのアウトナンバープレーを成功させるポイントについて細かく見ていきましょう。

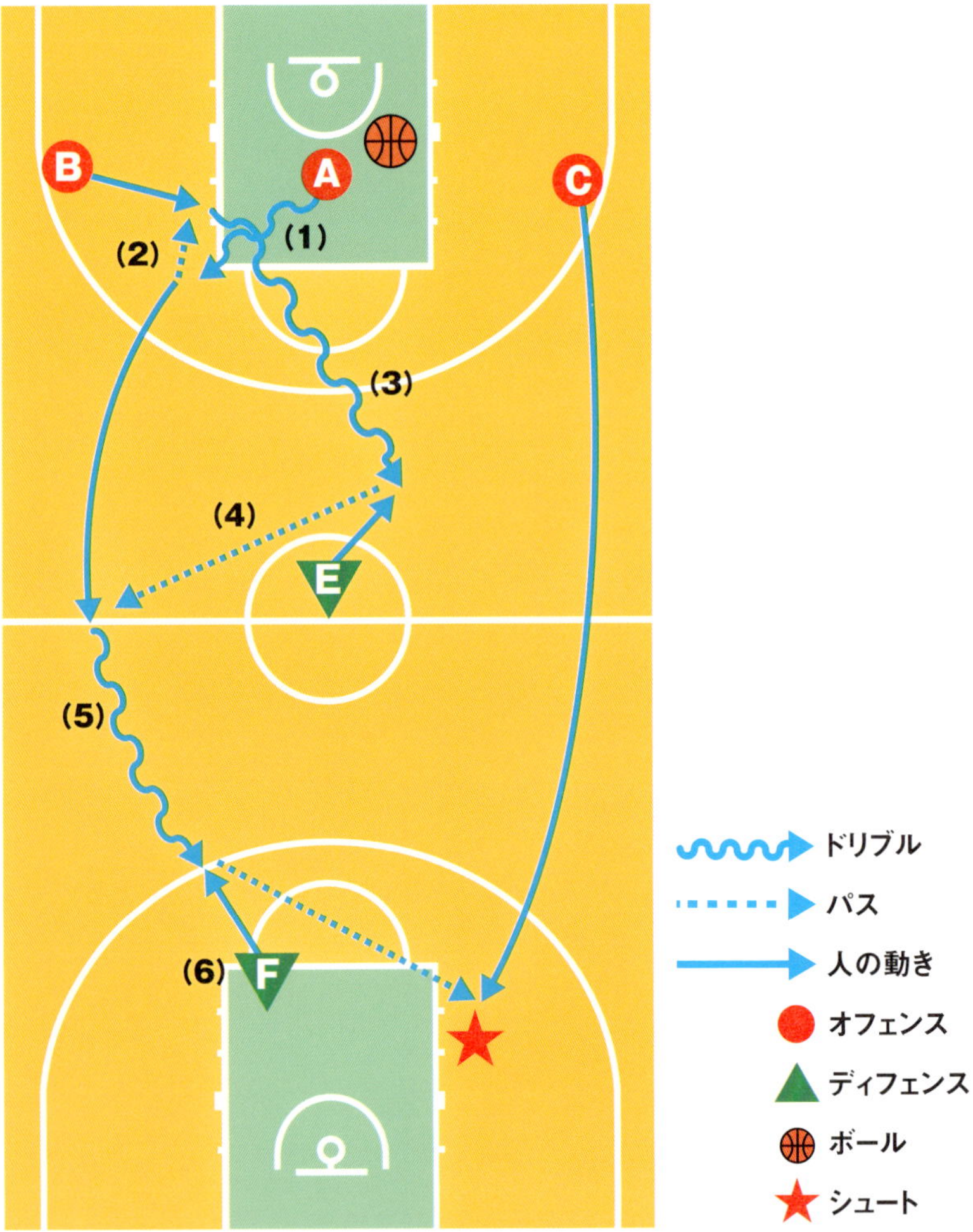

1
攻撃3人が横に広がり、ディフェンス2人が対峙してアウトナンバーの状況を設定する
A
B
C
E
F

2
サイドにドリブルするAは、サイドから走り寄るBにショートパスをつなぐ
B
A

3
パスを受けたBは一度Cの動きを確認した後、体の向きを変える
C

4
BはディフェンスEの逆をつく形で、Aにリターンパスを出す

5
パスを受けたAとCで、ディフェンスFに対して、2対1で攻撃する
A
C

6
ボールマンAはディフェンスFを十分に引き付けてCにパスを出す

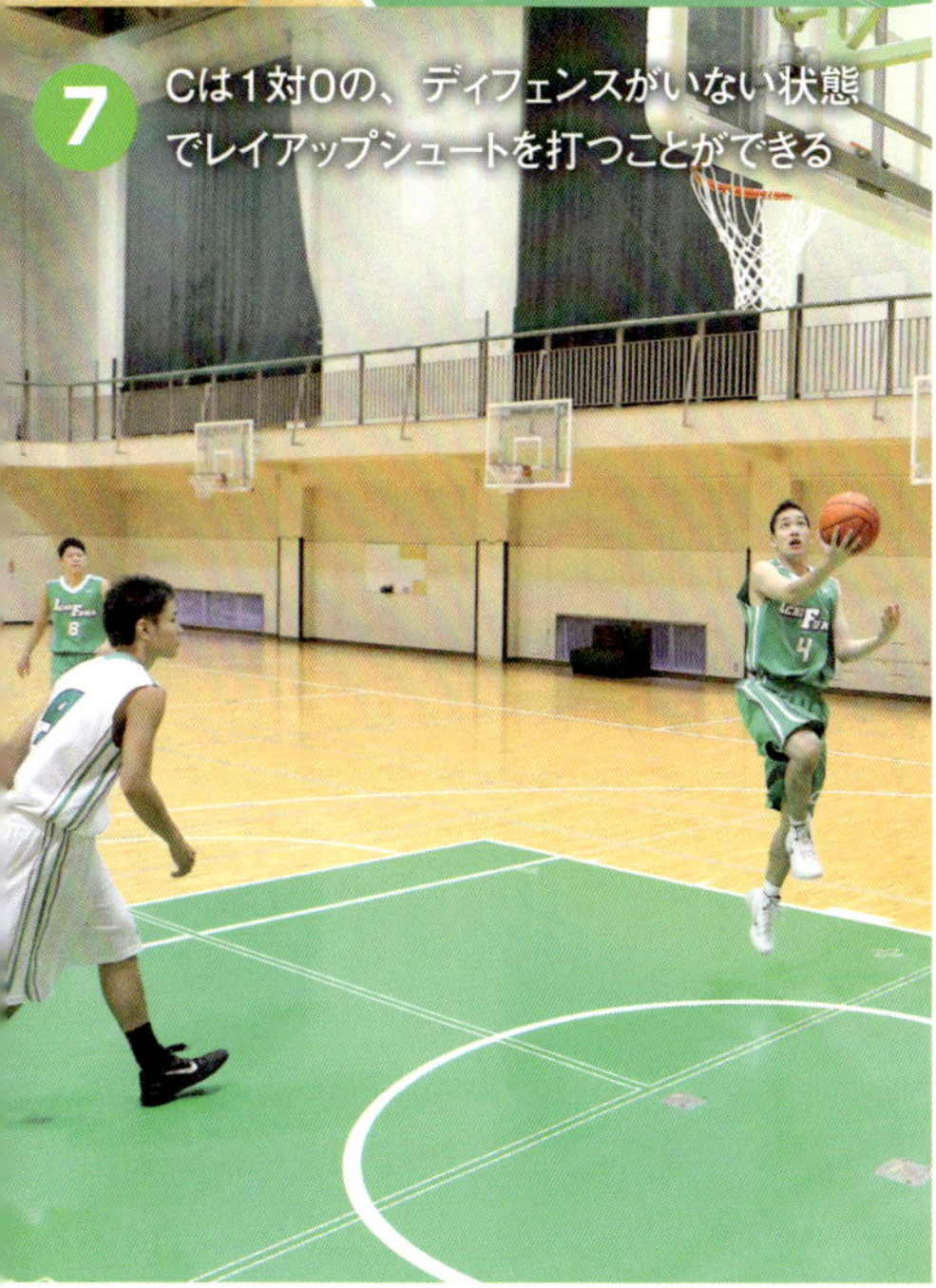
7
Cは1対0の、ディフェンスがいない状態でレイアップシュートを打つことができる

基本レッスン――アウトナンバードリル②のポイント

ボールをジグザグに動かす

1

サイドにいるBがAとクロスするように走り込む

2

AがBの動きを確認する

3

AがBに対して、後ろ向きでバウンドパスを出す

前ページで紹介したアウトナンバードリル②のなかで、ボールマンAがBにパスを出すシーンを振り返ってみましょう。

まずサイドの方向にドリブルするAがBにパスすることによってボールの方向が変わり、ディフェンスは振られる格好となります。この写真のように後ろ向きのバウンドパスも有効に使えます。

最大のポイントは次です。Bのようにパスを受けたとき、多くの選手は走る方向をそのまま見てパスを出してしまいます（左のNG例参照）。それではディフェンスにとって守りやすくアウトナンバーの形を作ることができません。それだけに、ボールをジグザグに動かすことが大切なわけです。

4

パスを受けたBに対してディフェンスEが対処しようとする

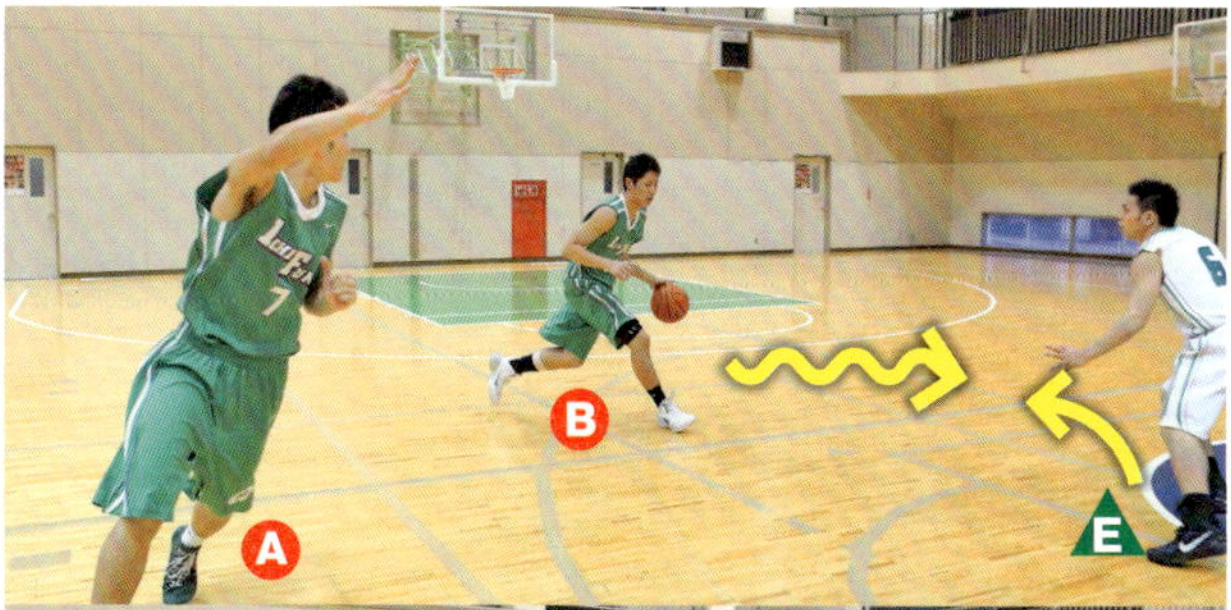

5

Bが体の向きを変えて、Aの動きを確認する

6

Bからのパスをノーマークで受けたAは、アウトナンバーで攻撃を展開することができる

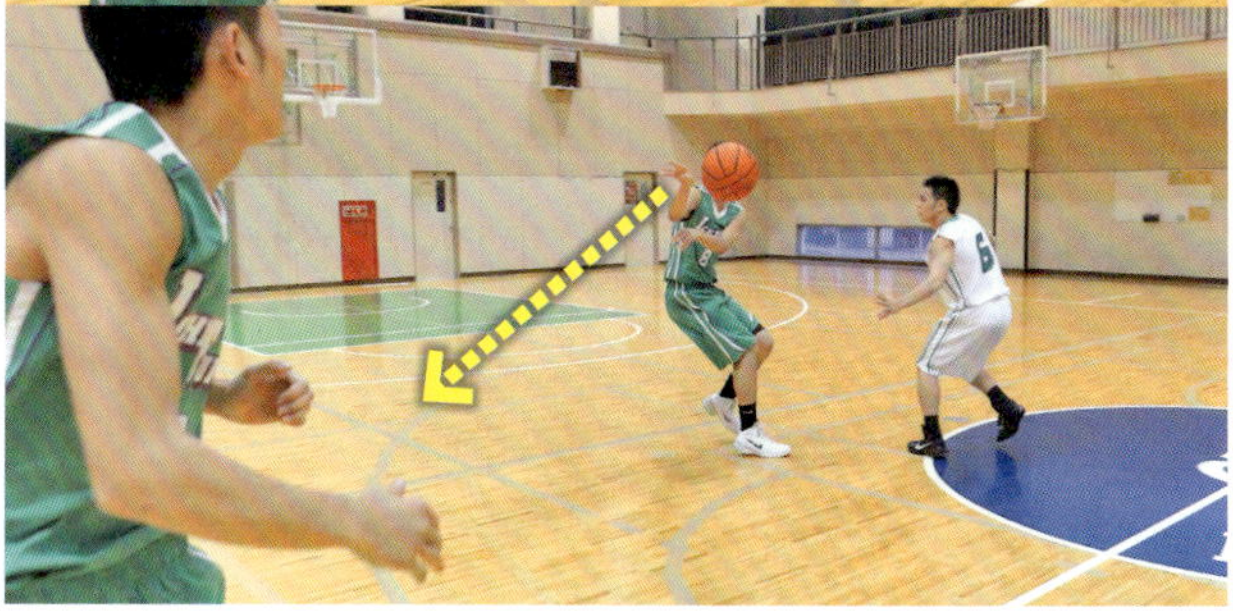

NG

1

2

BがAからパスを受けた後、走る方向を向いたままCにパスを出すと、ディフェンスは重心を変えることなく、そのまま走って対処できる。つまりこれではアウトナンバーの形を作りにくいということだ

第7章

攻撃側が嫌がるディフェンス力を備える

得点を重ねるだけでなく、相手の攻撃を最少失点におさえることが勝利への近道だ。ここまでに紹介した「1対1」「2対2」そして「3対3」の攻撃に対して粘り強くプレーできるように、ディフェンスの基本を備えよう。相手を0点におさえることは無理だが、苦しいシュートを打たせることによって成功率が落ち、自分たちの攻撃チャンスへとつなげていくことができる。

ハンドワークと基本姿勢

膝
適度に曲げて低い姿勢をとり、すぐに動き出せるようにしておく

プレーしやすいところでボールを持たせない

ディフェンスで相手の攻撃を封じるために、『絶対にやられない』という強い気持ちを持つことは大切ですが、ディフェンスを技術としてとらえて、攻撃と同様に練習することが欠かせません。

「1対1」のディフェンスでは、ボールマンに楽にプレーさせないことが大事です。相手がゴールに向いている場合、「ワンアーム（腕一本分）」の間合いを意識すること。そして手を有効に使いながら、ボールマンがプレーしやすいところでボールを持てないようにすることが大切です。

ただし気を付けなければならないのは「ファウル」です。『ボールを取ろう』としすぎて、相手の体に触ったり、押したりしないように、『ボールに触る』ことを心掛けてディフェンスをしてみてください。

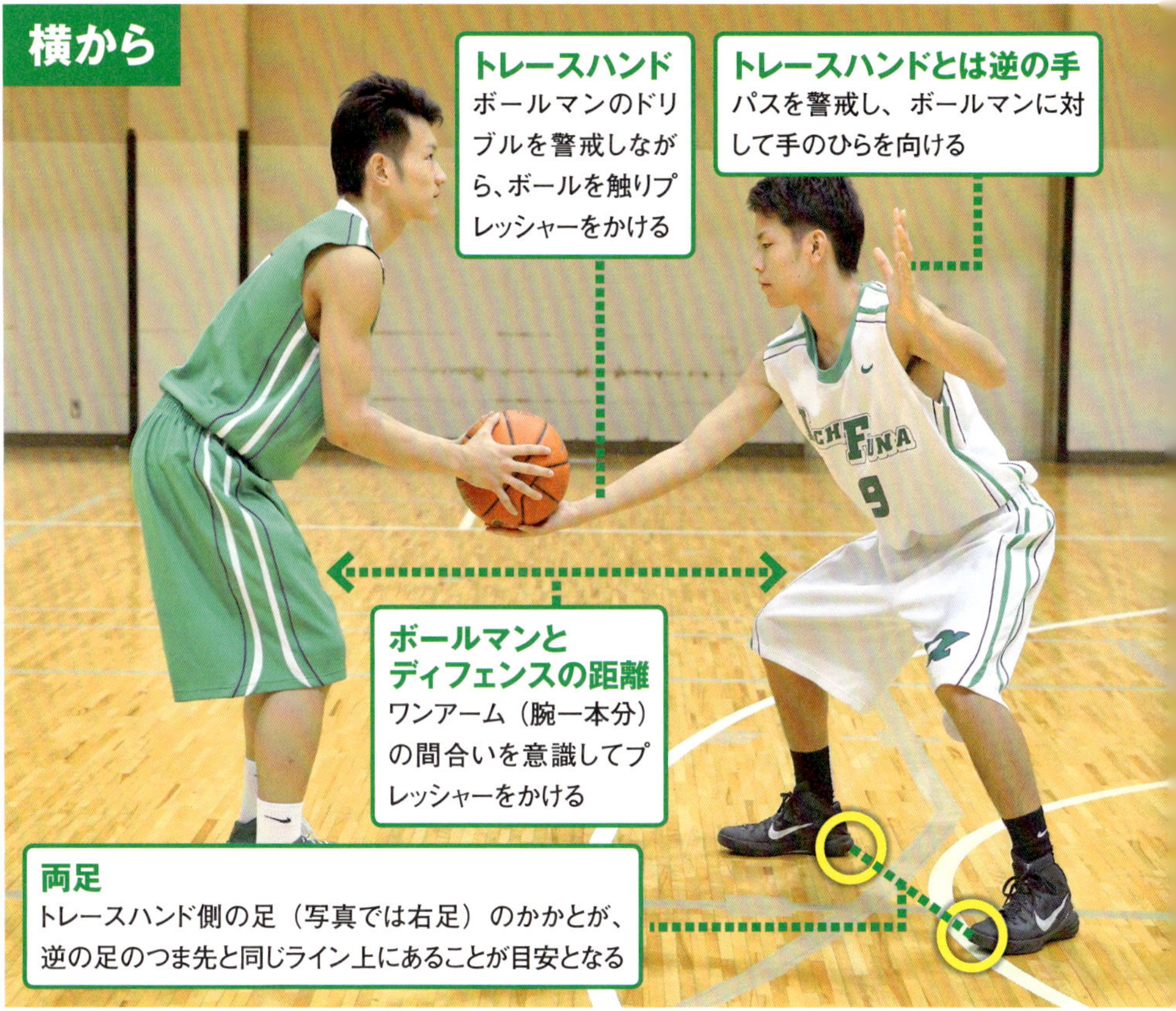
横から
トレースハンド
ボールマンのドリブルを警戒しながら、ボールを触りプレッシャーをかける
トレースハンドとは逆の手
パスを警戒し、ボールマンに対して手のひらを向ける
ボールマンとディフェンスの距離
ワンアーム（腕一本分）の間合いを意識してプレッシャーをかける
両足
トレースハンド側の足（写真では右足）のかかとが、逆の足のつま先と同じライン上にあることが目安となる

NG

トレースハンドをボールの上からのせるような格好だと、ボールマンにドリブルで抜かれてしまう

間合いをつめ過ぎると、背後のスペースにドリブルされるのでワンアーム（腕一本分）の間合いを意識する

ボールマンがシュート体勢に入ったら、トレースハンドをボールに出してすぐに対応できるようにしよう

スライドステップによるディレクション

ディフェンスは低い姿勢で構え、ボールマンに対してワンアームの間合いをとる

ボールマンがドリブルを開始したら、進行方向の足（写真では右足）を先に動かす

ディフェンスにとって都合のいい方向に誘導

レベルが上がるとともに、相手からボールを奪うのは難しくなります。そこで大事になってくるのがボールマンにプレッシャーをかけながら、相手に時間をかけさせること。そしてドリブルを開始したら、ディフェンスにとって都合のいい方向に進ませることです。これを「ディレクション（方向付け）」といいます。

ボールマンをディレクションしながら時間をかけさせる上で、ディフェンスに欠かせない技術が「スライドステップ」です。ディフェンスの基本姿勢（前ページ）を維持しながら、両足をクロスさせずスライドさせながら付いていきます。そのときに進行方向の足を先に出すことによってボールマンをおさえやすくなります。

ディフェンスの基本姿勢を崩さず、ボールマンを方向付けしていく

NG

両足を閉じると、ボールマンの動きに対応できなくなるので注意しよう

Point

ボールマンをミドル（コートの中央）に行かせないようにする「ノーミドル」のディレクションが主流。中にはコート中央にわざと行かせるチームもあるので、監督に確認しましょう。

NG

ボールマンの前足をおさえられず、肩を入れられると抜かれてしまう

Point

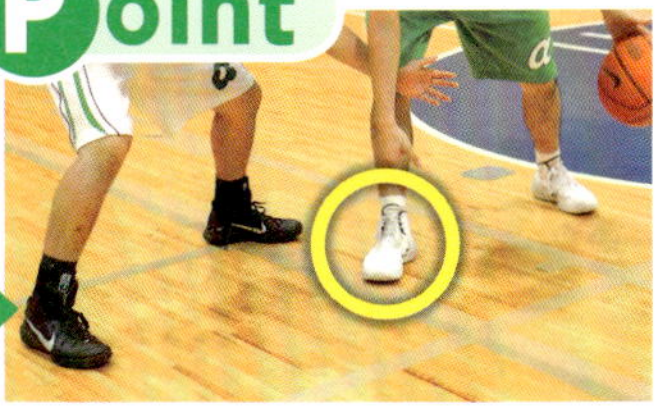

ボールマンの前足を両足ではさむように意識することが大切。

ドライブについていくフットワーク

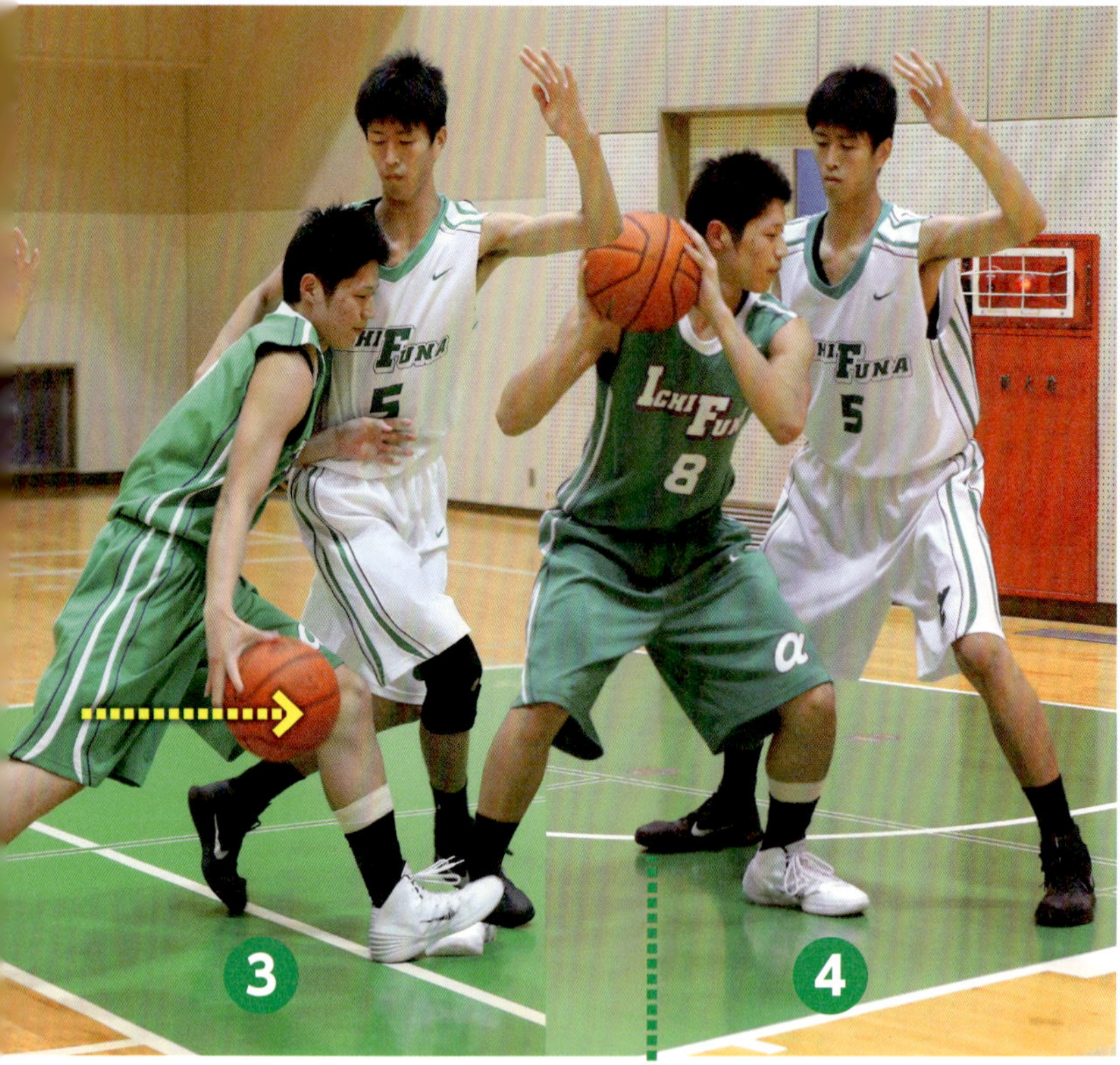

ボールマンのドリブルのコースに入る

スライドステップ（前ページ）に切り換えて相手のドリブルを止める

クロスステップとスライドステップを使い分ける

ボールマンが急にドリブルをスピードアップさせたときには、ディフェンスの対応が難しくなります。スライドステップ（前ページ）でついていけないと、抜かれてしまう危険性が高くなります。そういうケースで使えるのが「クロスステップ」です。

走るのとほぼ同じ格好になりますが、ボールマンの動きから目を離さないことがポイントです。ボールマンのドリブルコースに入ることができて、ドリブルのスピードが遅くなったら、スライドステップに切り換えます。こうして、スライドステップと、クロスステップを使い分けることが大切なのです。

またボールマンのコースをおさえる際には、必ずインライン（58ページ）に入ることを意識しましょう。

ディフェンスがワンアームの間合いをとる

ボールマンのドリブルに対してクロスステップで対応する

NG

体勢を高くして構えると、ボールマンにステップインされるので気を付けよう

Point

ボールマンのコースに入る際には、インラインに必ず体を入れるように意識しましょう。

Point

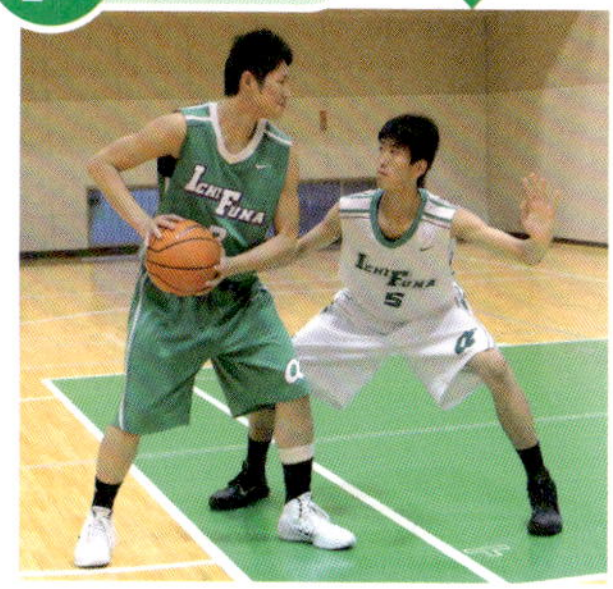

右ページ④の写真はシュートを警戒するため体勢が高くなっていますが、横の動きに対応するときには低い姿勢をとりましょう。

ディナイ

ボールマンがミドルレーンにいる状況で、サイドレーンにいるマークマン（攻撃側の選手）がパスを受けようとしている状況

パスコースを遮断するディフェンスの技術

ボールマン以外の選手をマークするディフェンスは、『相手にボールを持たせない』ことが基本となります。特にボールマンに最も近い選手をマークするディフェンスは、パスコースを遮断するディフェンスの技術が求められます。これを「ディナイ（※拒絶するという意味）」といいます。

ボールと、パスを受けようとするマークマンの手を結んだパスコースに、片手をかざしてディナイします。そのときのポジショニングがパスコースに入り過ぎると、マークマンに裏のスペースに走り込まれてしまったり、逆に遠すぎると、パスが渡ってシュートを打たれてしまいます。

相手を困らせるようなディフェンスのポジショニングを心掛けてください。

マークマンが動きを止めても、パスコースを遮断するディナイの姿勢を維持する

マークマンが動き出したら、すかさずパスコースに手をかざしてスライドステップ

NG

パスコースに入り過ぎて「オーバーディナイ」になると、ゴール方向に走り込まれてしまうので気を付けよう

Point

ディナイする手とは逆の手でマークマンとコンタクトして、相手の動きを把握しましょう。

ドライブに対するヘジテーション

ボールマンがミドルレーンにいる状況で、サイドレーンにいるマークマン（攻撃側の選手）がパスを受けようとしている状況

ボールマンがドライブで仕掛ける

コースに入る動きを見せてドライブを躊躇《ちゅうちょ》させる

ボールマンがトップからドライブで仕掛けたとき、1人のディフェンスだけではおさえるのが難しい状況があります。そういうケースでは、すぐ近くにいるディフェンスも加わり、チームディフェンスで対応しましょう。

ただし、ボールマンに対して2人がかりで対応するようなヘルプディフェンスになると、パスをさばかれてノーマークになった選手にシュートを打たれてしまいます。

そこでドライブのコースに入る動きをボールマンに見せて、ドライブを躊躇させて止めます。このようなディフェンスを「ヘジテーション」といいます。そうしてボールマンがパスに転じたら、自分のマークマンにシュートを打たれないように即座に戻ります。

サイドレーンにいる選手をマークするディフェンスがコースに入るふりをする（ヘジテーション）

パスに移行するボールマンの動きに素早く反応する

自分のマークマンにシュートを打たれないように対応する

ヘジテーションするディフェンスが、ドライブのコースに完全に入ってしまうと、パスをさばかれてシュートを打たれてしまうので気を付けなければならない

ボールサイドカットに対するバンプ

ウイングにボールマンがいる状況で、パスを受けようとする選手をディナイする

ボールサイドカットしてパスを受けようとする相手に対してコンタクト（バンプ）する

パスを受けようとする相手に接触し走るコースをおさえる

バスケットボールはルール上、身体接触が許されていません。つまり触れたり、押したりするとファウルになります。ところが実際の試合で激しいコンタクトが絶えないのは、お互いがぶつかり合っていると見なされているからです。

そうした中で、パスを受けようとする選手の走るコースをコンタクトしながらおさえるディフェンスを「バンプ」といいます。

バンプするときは、低い姿勢で力強く構え、両方の腕をクロスさせて相手とコンタクトするのがポイントです。「バンプ」という文字どおり、自動車のバンパーのように、ぶつかったときの衝撃を吸収し、相手に当たり負けないようにしましょう。そのときに、手や腕で相手を突き飛ばすと、ファウルになるので気を付けてください。

ボールから目を離さず、裏を走り込む相手を体（背中）でおさえる

ポストプレーでパスを受けようとしたら、再びディナイする

NG

お互いがぶつかり合う「バンプ」のとき、手や腕で相手を突き飛ばすとファウルになる。攻撃側の選手が同じ行為をすると、オフェンス（攻撃側の）ファウルとなることを覚えておこう

3線ディフェンスのポジショニング

マークマンだけでなくゴールを全員で守る

ボールマンに対しては、1対1のディフェンスで対応できるのが理想です。しかし、レベルが上がるとともに攻撃側が主導権を握り、1対1で相手をおさえるのが難しくなります。つまりチームで協力しながら対応する「チームディフェンス」が欠かせなくなるわけです。

写真を見てください。ボールマンDをマークするディフェンスAは、相手と対峙していますが、となりのディフェンスBはヘジテーションやディナイができるポジションどり。そしてディフェンスCにいたっては自分のマークマンFからかなり離れてポジションをとっています。これが「3線のディフェンス」と呼ばれるポジショニングです。自分のマークマンをおさえるだけでなく、『ゴールを全員で守る』わけです。

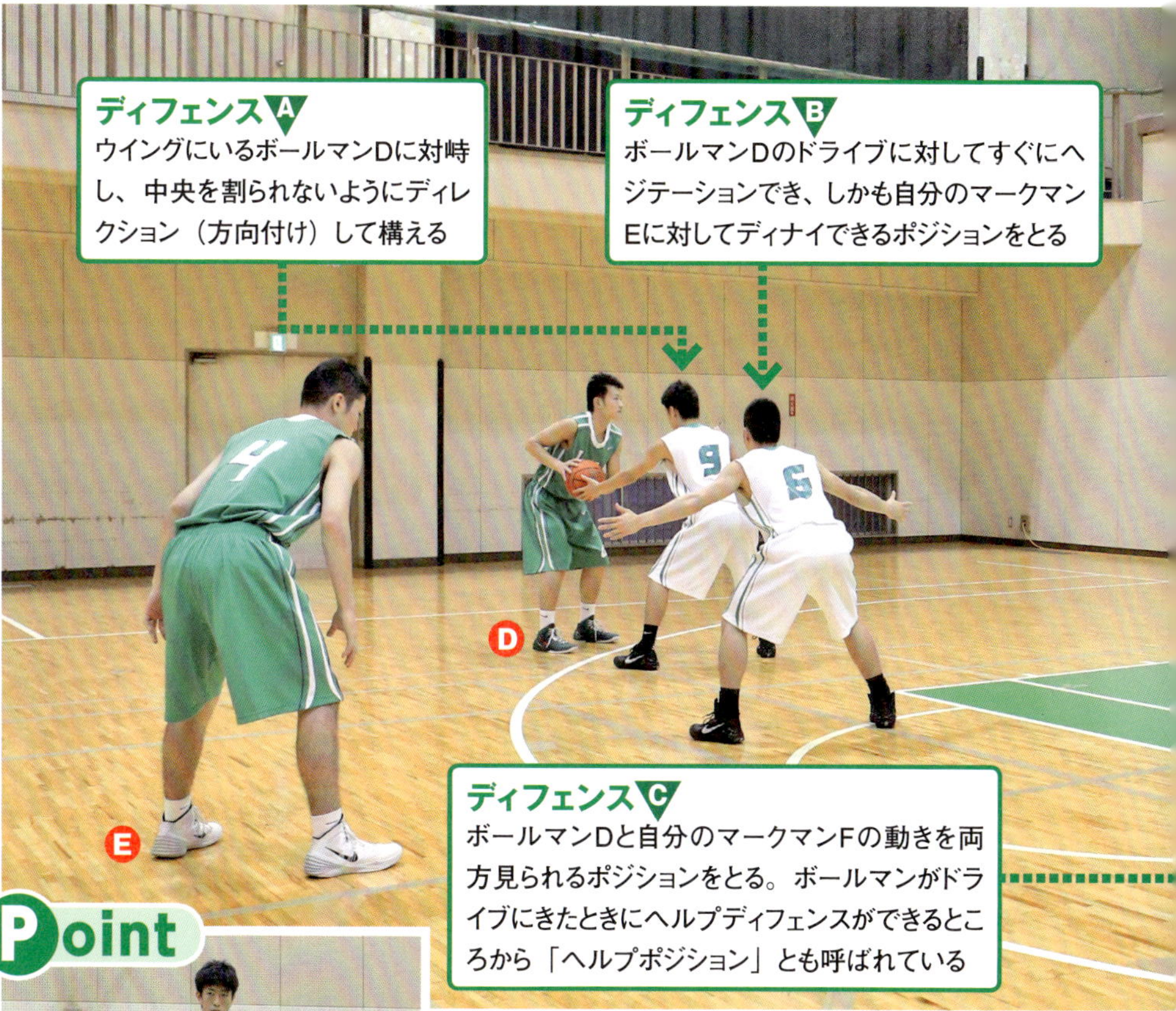
ディフェンスA
ウイングにいるボールマンDに対峙し、中央を割られないようにディレクション（方向付け）して構える
ディフェンスB
ボールマンDのドライブに対してすぐにヘジテーションでき、しかも自分のマークマンEに対してディナイできるポジションをとる
D
E
ディフェンスC
ボールマンDと自分のマークマンFの動きを両方見られるポジションをとる。ボールマンがドライブにきたときにヘルプディフェンスができるところから「ヘルプポジション」とも呼ばれている

Point

ディフェンスＣがボールマンと自分のマークマンの両方を指さすようなヘルプポジションの構えを「ピストルスタンス」といいます。このような構えができないということは、ヘルプポジションにいないという目安となります。

NG

ディフェンスCがヘルプポジションに入らず、自分のマークマンFにくっ付いてしまうと、ボールマンDがドライブしてきたときに、対応できない。こうなると相手チームにレイアップシュートを簡単に決められてしまう

C
F

ヘルプディフェンス

ドライブやポストプレーに対するヘルプディフェンス

チームディフェンスを機能させるためには、いくつかのヘルプディフェンスを備えておく必要があります。ひとつはボールマンがドライブしてきたとき、相手を制限区域に入れさせないヘルプディフェンスです。ゴール近辺にポジションをとるディフェンスCは、ドライブに素早く反応し、コースに立ちはだかりながらシュートを警戒します。そうしてドリブルを止めておいてパスカットを狙います。

　もうひとつがポストプレーに対するヘルプディフェンスです。相手のセンターが高さを備えているときなど、1人のディフェンスだけで対応することが難しくなります。ときには2人がかりで対応し相手のミスを誘発しましょう。

ドライブに対するヘルプ

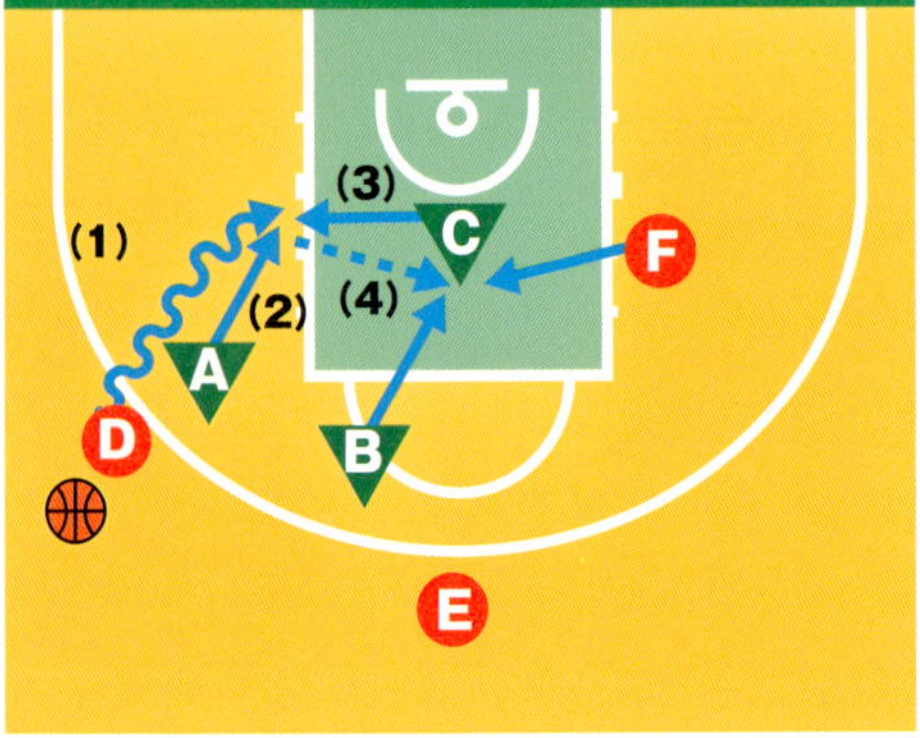
(1)
(2)
(3)
(4)
A
B
C
D
E
F

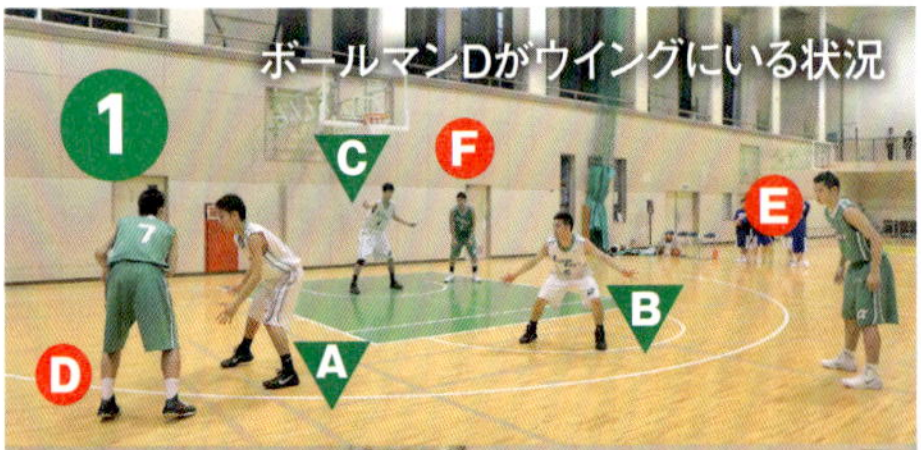
1
ボールマンDがウイングにいる状況
C
F
E
B
A
D

2
ドライブに対してディフェンス3人が反応する

3
ヘルプディフェンスCがボールマンを
ゴールに近づかせない

4
ディフェンスBがパスカットを狙う

ポストプレーに対するヘルプ

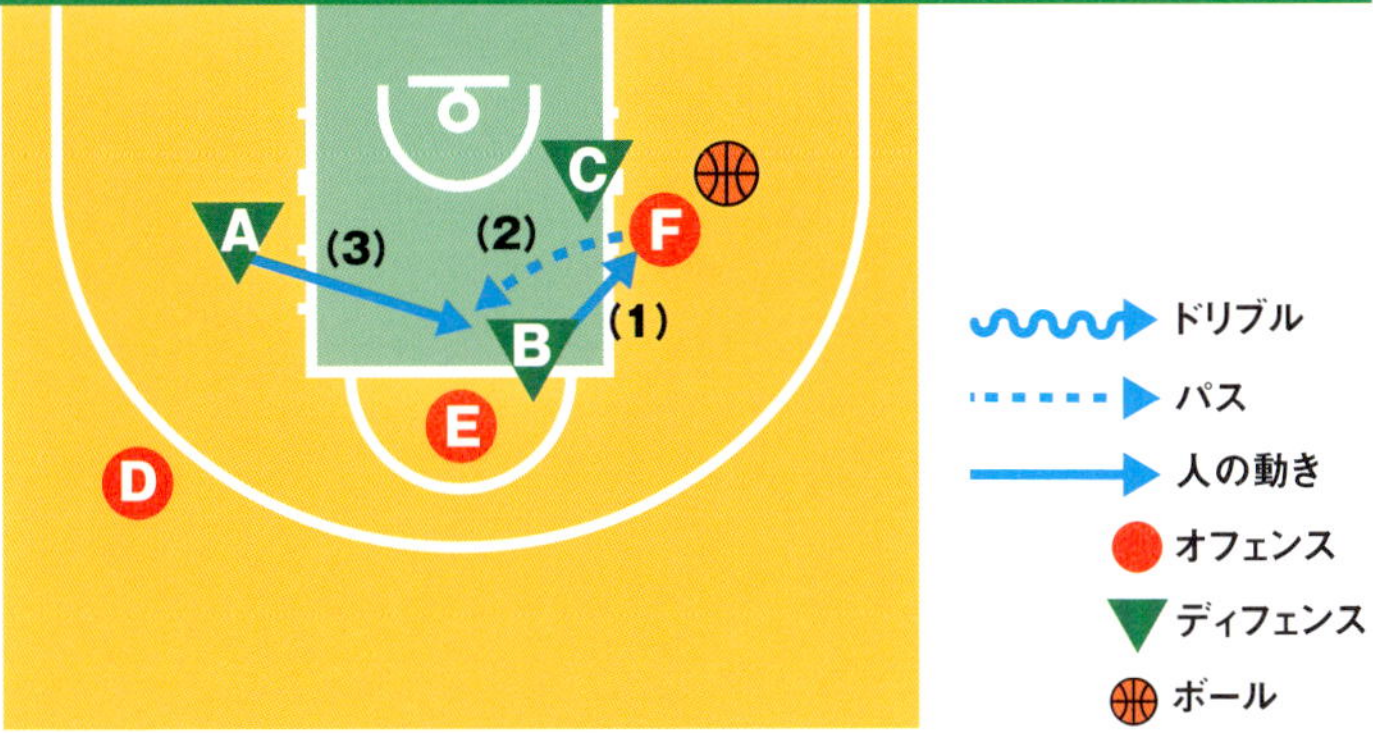
A
B
C
D
E
F
(1)
(2)
(3)
ドリブル
パス
人の動き
オフェンス
ディフェンス
ボール

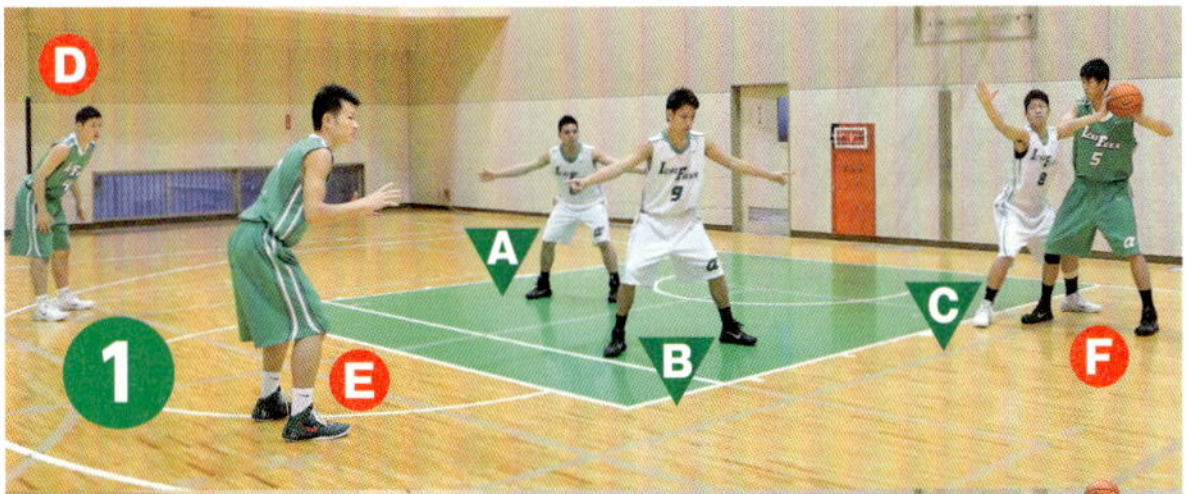
D
A
B
C
E
F
1

ボールマンFがポストプレーをしている状況

2

FをマークするディフェンスCを、Bがヘルプする

3

２人がかりでボールマンFに対応する

4

ディフェンスAがパスカットを狙う

スキップパスに対するクローズアウト

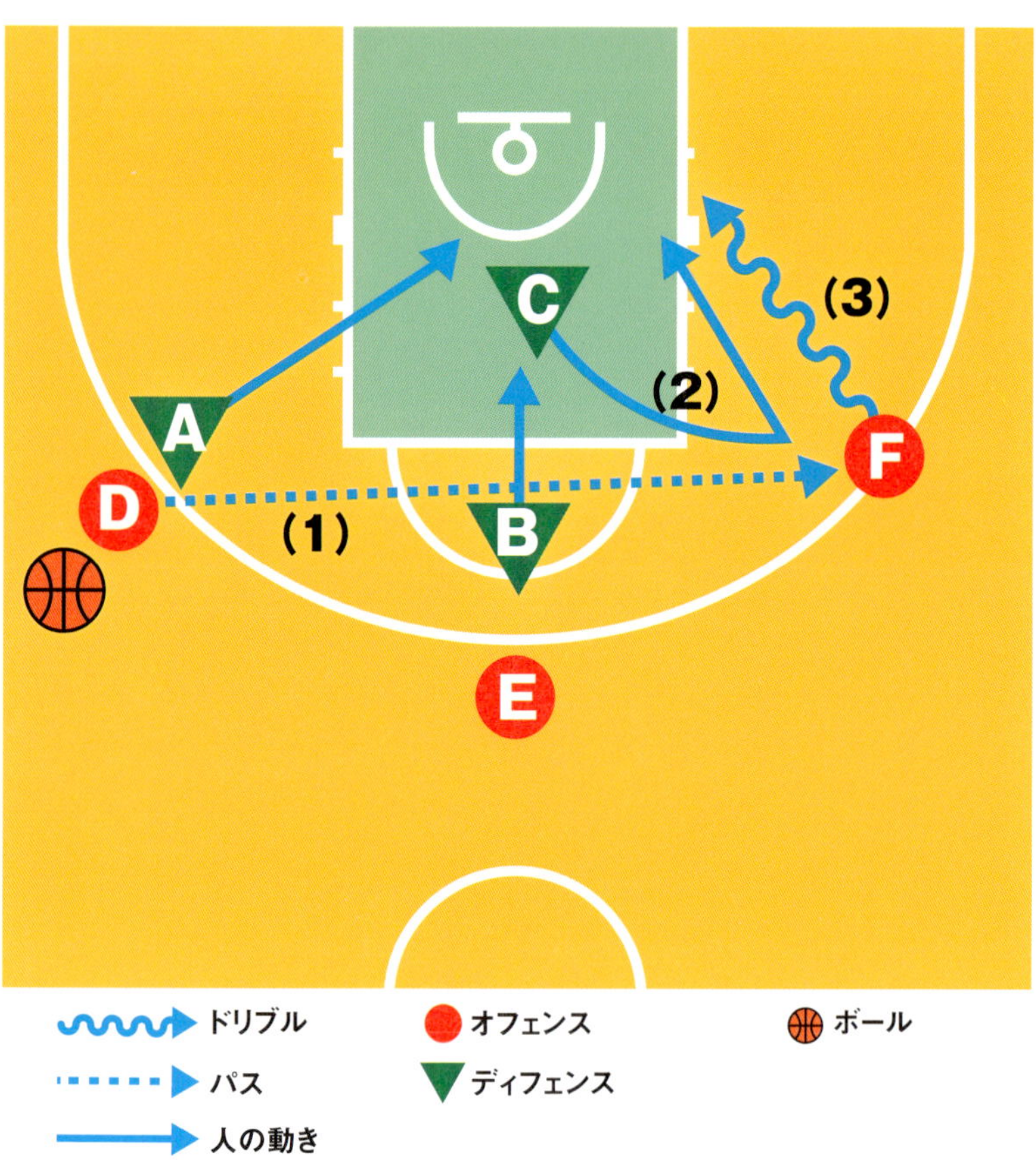

ダッシュしてから小刻みのステップで速やかに対応

　攻撃側がボールを逆サイドに展開するとき、コートを横断するような長い距離のパス――「スキップパス」を使うことがあります。スキップパスを受けた選手のディフェンスは、ヘルプポジションにいるので離れています。そのため速やかにボールに反応して間合いをつめる必要があります。これを「クローズアウト」といいます。

　ディフェンスの約束事として「ボールマンをミドル方向に行かせない」ことを徹底するのが主流です。そのためにコートの中央をおさえながらカーブを描くようにしてクローズアウトします。そうしてダッシュした後、ボールマンに近づいたらハーキー（小刻みの）ステップでシュートを打たせず、ドリブルにも対応しましょう。

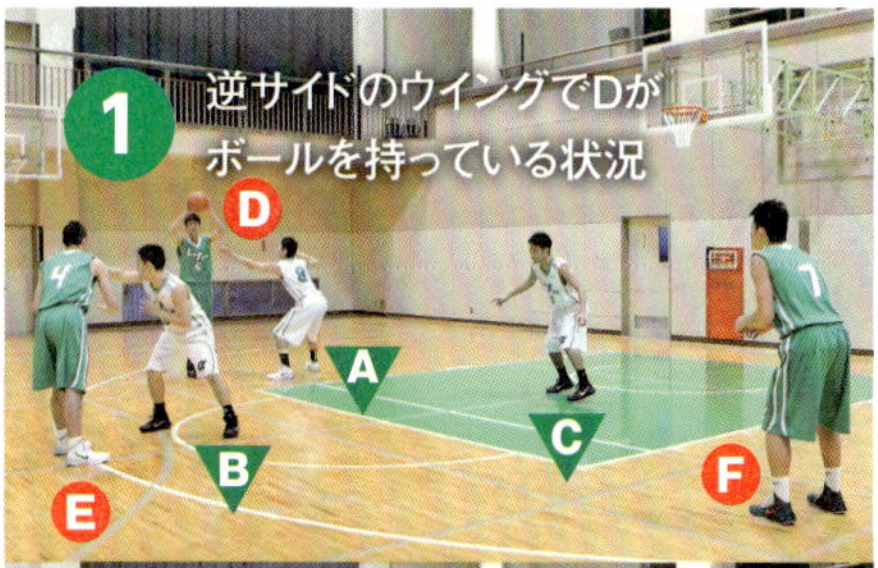
1
逆サイドのウイングでDが
ボールを持っている状況
D
A
B
C
E
F

2
ボールマンDからFに
スキップパスが渡る

3
ヘルプポジションにいたCが
クローズアウト

4
Fにシュートを打たせないように
対応する

5
ドリブルされてもゴールへと
近づかせない

6
3人でゴールを守れるように
ポジションをとる

NG

クローズアウトするときにまっすぐ出てくると、ボールマンにコートの中央から割られてしまう。わざとこのようなドリブルをつかせるチームもあるので、チームディフェンスの約束事を確認しておくことが大切だ

ローテーション

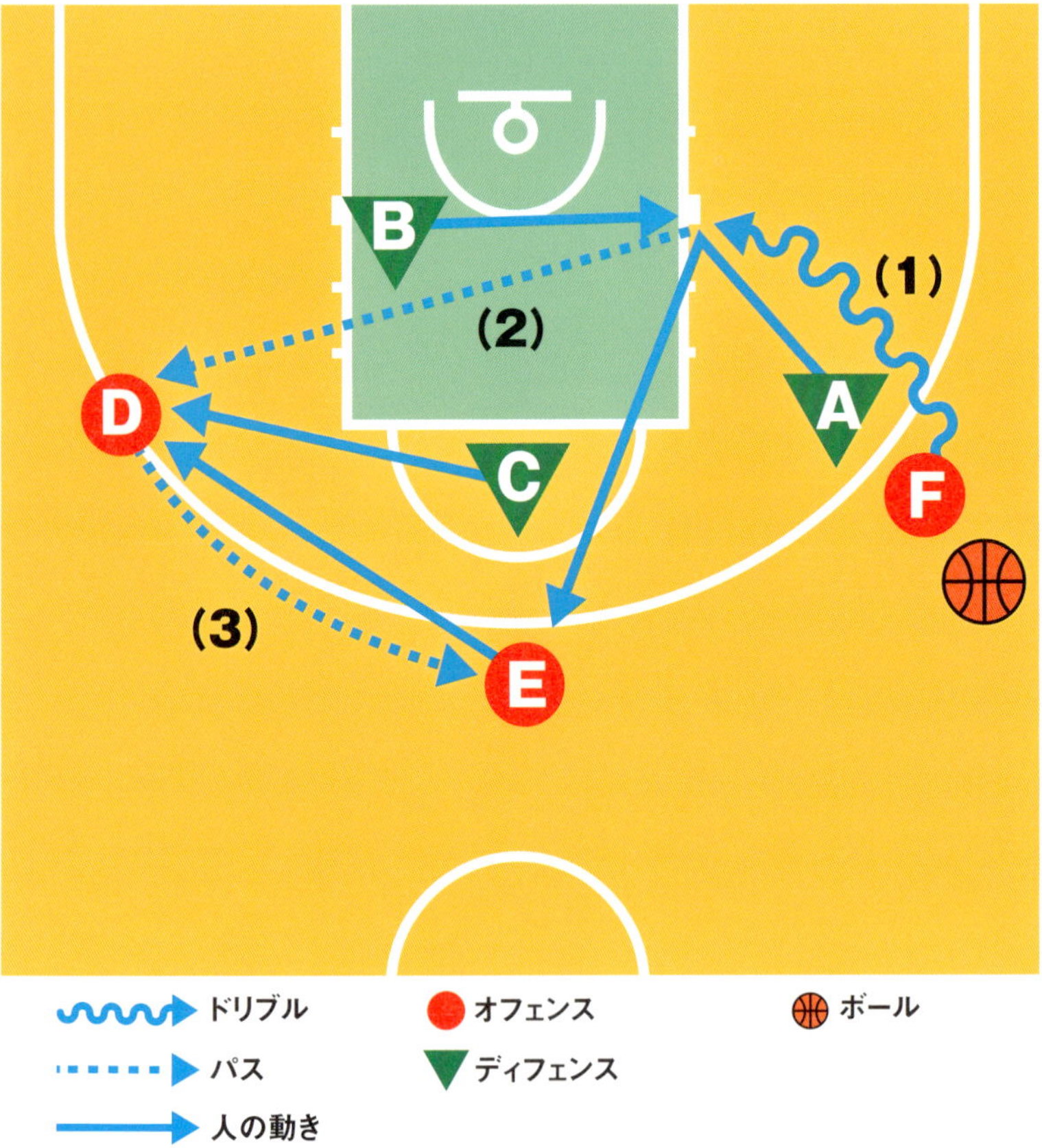
B
A
C
D
E
F
(1)
(2)
(3)
ドリブル
パス
人の動き
オフェンス
ディフェンス
ボール

３人以上のディフェンスがマークマンを変えて対応

ボールマンのドライブに対してヘルプディフェンスしたときは、攻撃側の１人がノーマークになっているものです。ボールマンがディフェンス２人を引き付けた状態になっているからです。それだけにパスを展開されたときの対応が大事です。そのようなケースで、３人以上のディフェンスがそれぞれのマークマンを変えて対応することを「ローテーション」といいます。

写真を見てください。２人のディフェンスを引き付けたFがDにパスを展開させるシーンです。このときパスを受けたDに対して、近くにいるCがおさえることを最優先にすることによりローテーションしているわけです。１９２ページでも、ローテーションの別のパターンを紹介しておきましょう。

ローテーションのパターン①

1
ボールマンFがウイングからドライ
ブする状況
E
D
C
B
A
F

2
ディフェンスBがディフェンスAを
ヘルプする

3
Fが逆サイドのDにパスを出す

4
ディフェンスCがマークマンEから
離れてDに対応する

5
DからEにパスが展開される

6
ディフェンスAがマークマンFから
離れてEに対応する

7
Fに対してはディフェンスBが対応
する

Point

チームによってローテーションディフェンスのとらえ方は様々ですが、忘れてならないのは「身長のミスマッチ」が生じやすいということです。本来のマークマンではなくなることを理解し、ローテーションする必要があるということです。

Point

ディフェンスは個々の技術やチームとしての約束事をいかに徹底できるかが成否を分けます。そして大事なことがまだあります。それは『絶対に得点させない』という気持ちと、もう一つが声です。攻撃側の動きが見えていないディフェンスに状況を知らせる声、さらにどのように動いてほしいか伝える声が、チームディフェンスを機能させる上では欠かせないのです。

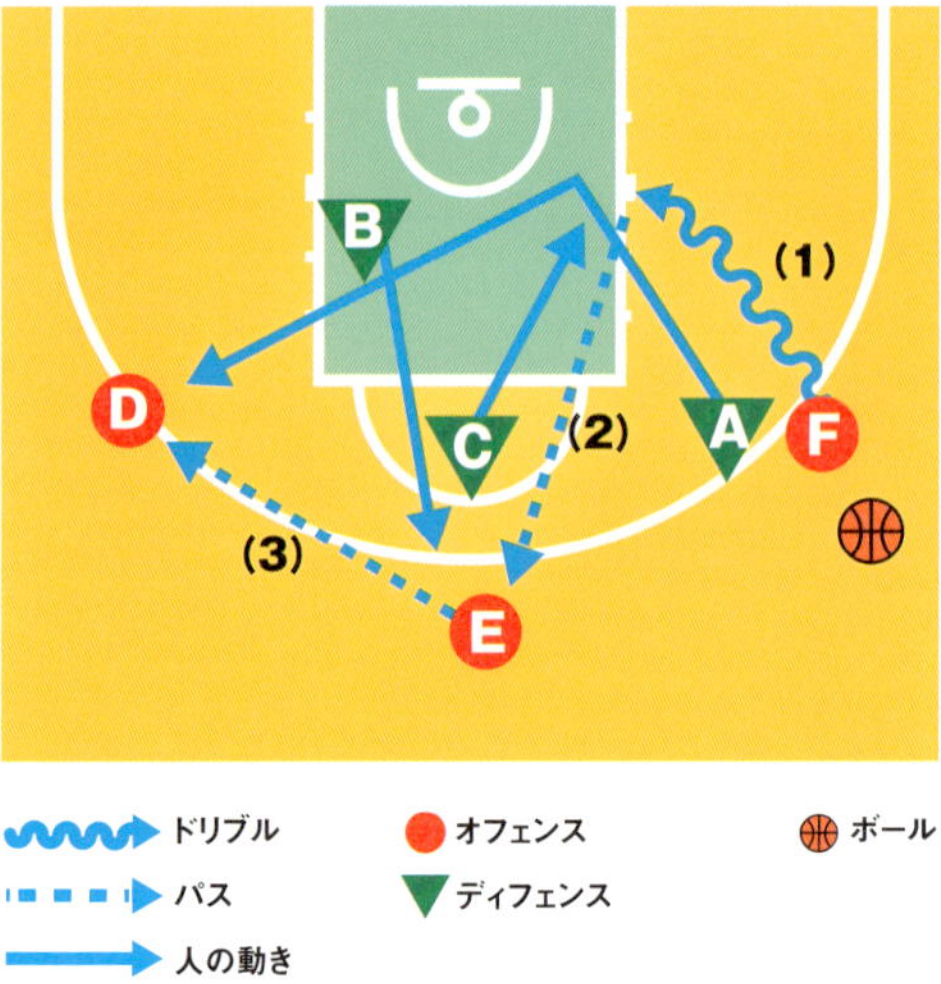

ローテーションのパターン②

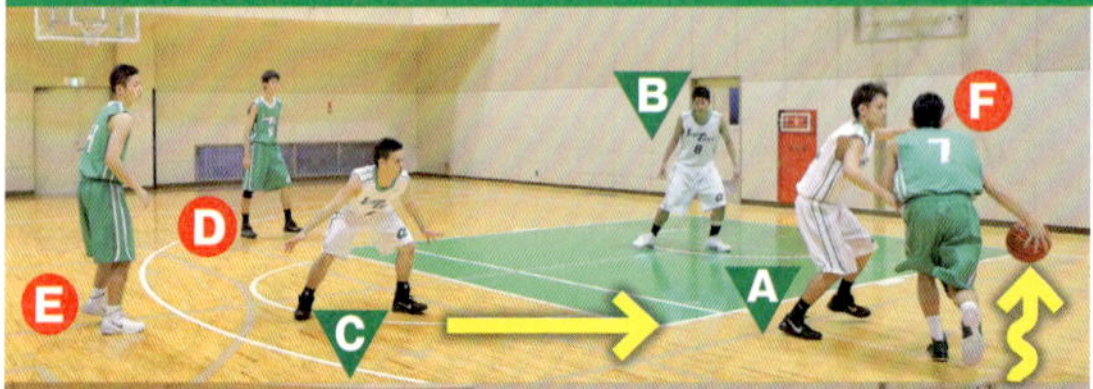

ボールマンFがウイングからドライブする状況

Fがトップにいるに Eにパスを出す

ディフェンスBがマークマンであるDから離れてEに対応する

EからパスをけたDを、Aがマークしてローテーションを機能させる

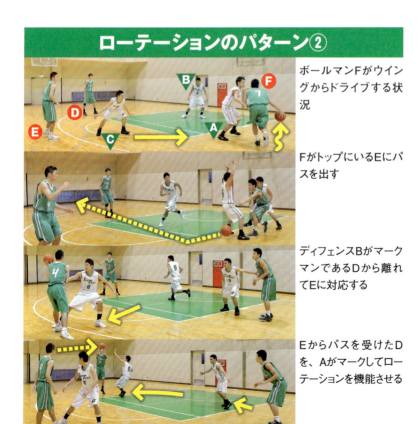

第8章

フロアレベルのトレーニング

——空いている時間を有効に使って個々の力を高めていこう

相手に勝つためには、自分の力を高める努力を積み重ねなければならない。チーム練習で監督に指導されたことを大事にしつつ、あいている時間には自主練習で自分の力を高めるのだ。その中で特に目を向けてほしいのが、器具を使わず安全に行えるトレーニングである。ここでは中学生や高校生におすすめできるメニューを紹介しよう。

器具を使わずボディバランスを高める

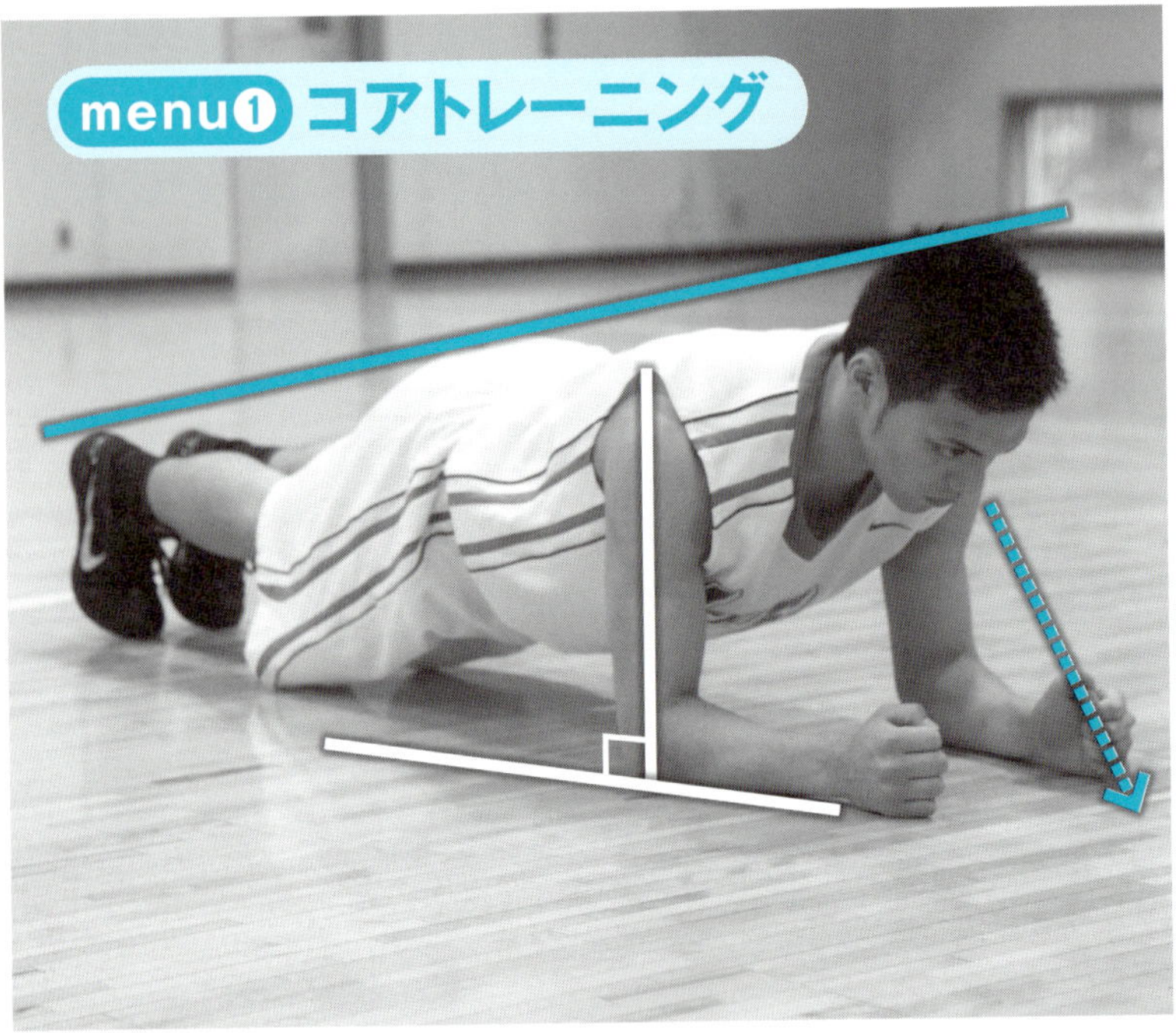

うつ伏せの姿勢をとり、左右両方の肘をフロアに着ける。体を持ち上げた状態で腰が下がらないようにし、足ー腰ー肩ー後頭部を結んだラインが一直線になる姿勢をとる。そして肩の真下に肘がくるようにし、二つを結んだラインがフロアに垂直に。真下を向くのではなく、目線を前に向ける姿勢をそのまま維持するように。20 ～ 30秒くらいを目安に行い、少しずつ時間を伸ばすとともにセット数を増やしていこう

いかなるプレーにも必要な ボディバランスを備える

バスケットボールが上達するには、ボールをコントロールする技術だけでなく、体の使い方、言い換えると「身のこなし」がとても大切です。確かにボールを使った練習の中で鍛えられるものでもありますが、それで十分かというとそうではありません。

いかなるプレーにも必要となる、ボディバランスのための筋肉を鍛えるにはトレーニングが求められるのです。だからといって、重い器具を使ったトレーニングをがむしゃらに行うとケガにつながります。そこでおすすめしたいのが、器具を使わずフロアレベルで行えるトレーニングです。その中からまずはコア（骨盤を支える筋肉）を鍛えるメニューを紹介しましょう。

バスケットボール選手に必要なトレーニングのキーワード

肩関節の可動域

腕や肩の力は大切ですが、首から肩あたりにかけて硬い筋肉を付けすぎると、腕が上がりにくくなります。特に肩関節の可動域が狭いと腕がまっすぐに伸びず、アーチの高いシュートが打てなくなります。重い器具を使う場合は監督や専門トレーナーに相談しましょう。

ボディバランス

相手とコンタクトしたり、しっかり止まって次の動作に移行する際にはボディバランスが必要です。そのためにも、腹筋や背筋など体の中心部を鍛える「コアトレーニング」を行う必要があります。

股関節の可動域

1対1で相手をドリブルで抜くときや、ディフェンスをする際には低い姿勢をとらなければなりません。そのときに求められるのが股関節の柔軟性です。股関節が硬いと基本姿勢がうまくとれず腰高になってしまうのです。

ジャンプ力

ランニングシュートやリバウンドを武器にするには、ジャンプ力が必要です。バックボードやリングにジャンプしてタッチするトレーニングも効果的ですが、そればかりをやり過ぎるとケガにつながります。そこでお尻からハムストリング（大腿部の裏）を鍛えるトレーニングを行いましょう。

負荷を適切に高めていく

menu② 外転トレーニング（サイド）

横向きになり、片足をまっすぐに上げて、10～15回繰り返す。つま先が上がらないようにし、かかとから上げるイメージで行う。体が前や後ろに倒れないように気を付けて、逆側も行う

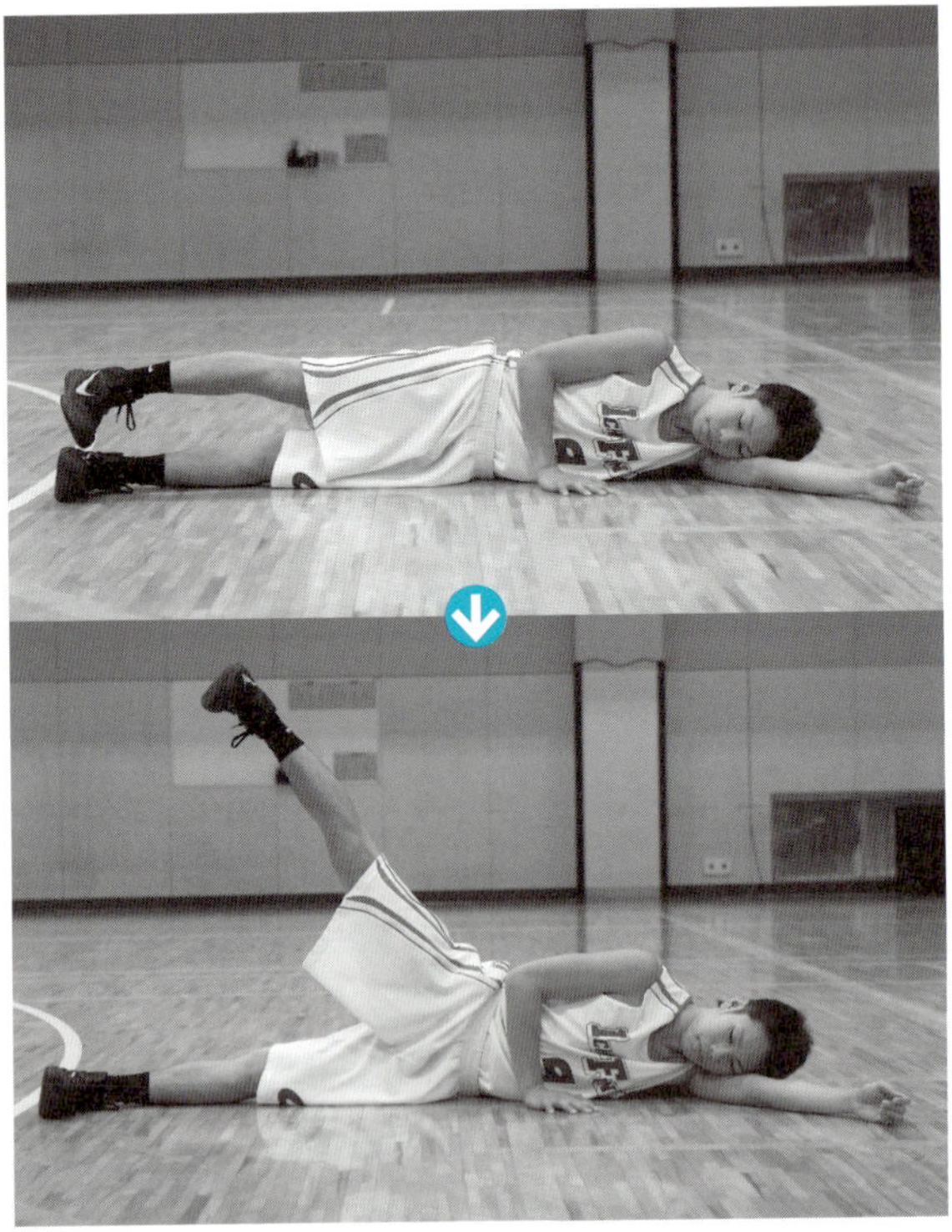

ケガを防止することがいい選手になる条件

トレーニングの負荷を高めていきます。体を横に向ける各種メニューを取り入れることによって、バランス感覚も向上させることができます。

まずは横向きになり、片足を上げ下げしてお尻を鍛えます。逆側も行ったら、次に肘で体を支えたままの姿勢を維持します。逆側も行い、このときにはお腹が下がらないように注意してください。

そして次に片手をまっすぐ上げた姿勢で20～30秒間止めます。逆側も行ったら、肘で体を支えたまま片足を上げて、その姿勢を維持します。このように負荷を高めて筋力を強化することが、ケガを防止することにもつながります。それもいい選手になる上で必要不可欠な条件といえます。

menu③ コアトレーニング（サイド）

パターン1

肘で体を支えたまま 20 〜 30 秒間維持する。そのときにお腹が下がらないように注意して、肩と肘を結んだラインをフロアに対して垂直にし、足−腰−肩−後頭部も一直線にする。逆側も行う

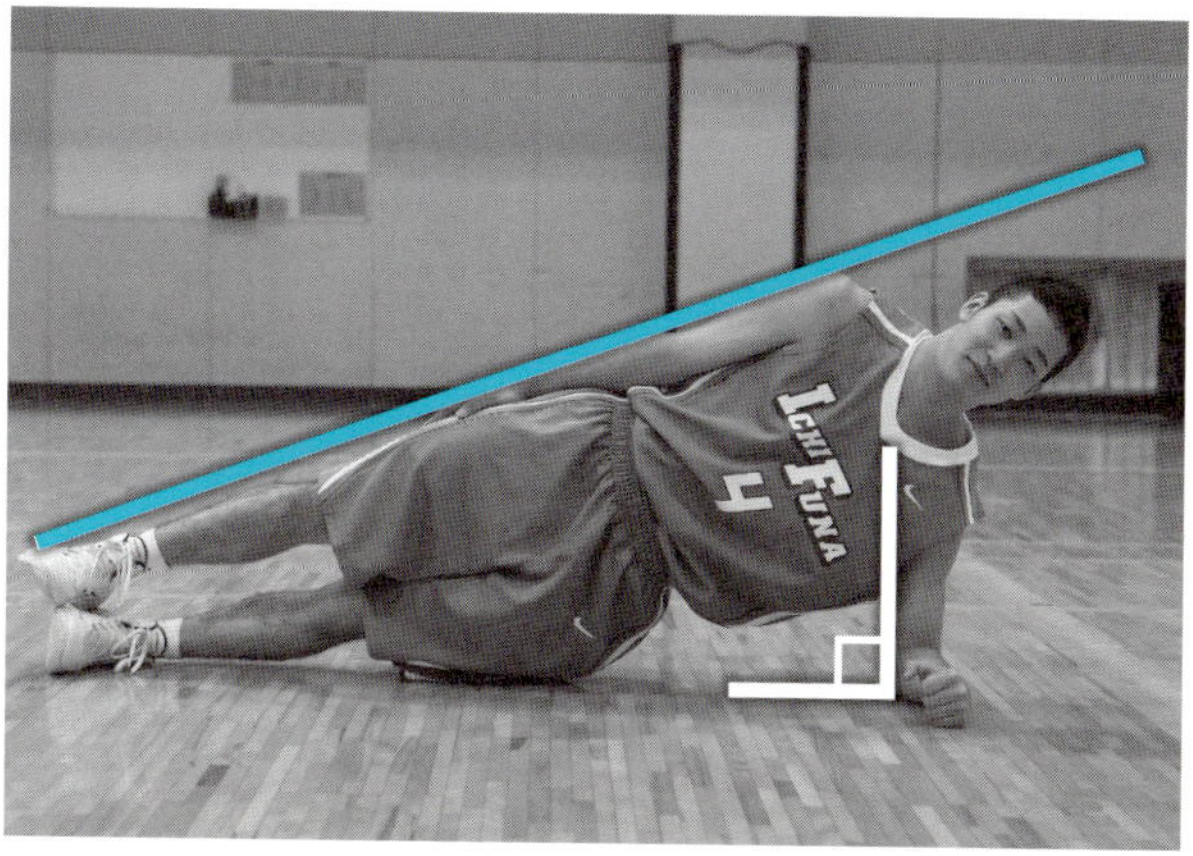

パターン2

片手をまっすぐ上げた姿勢で 20 〜 30 秒間止める。バランスを意識しながら、逆側も行う

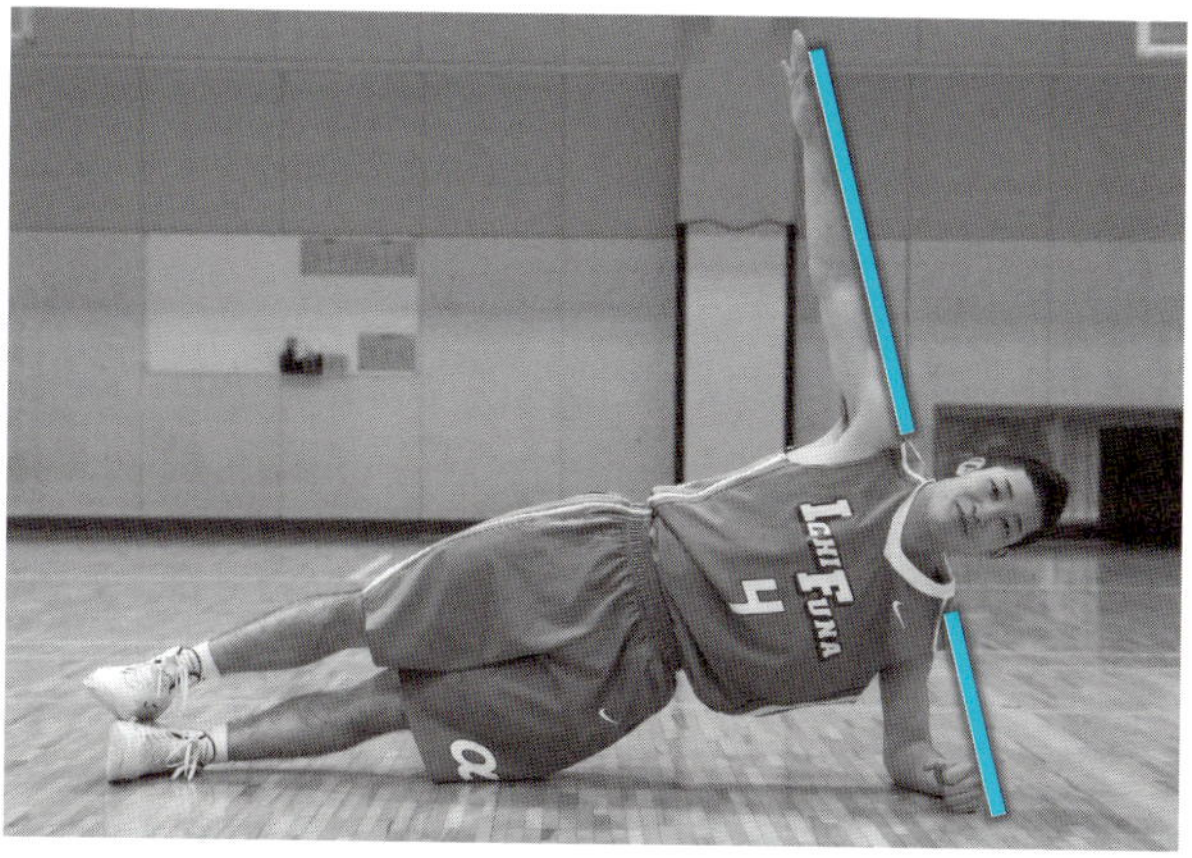

パターン3

肘で体を支えたまま片足を上げた姿勢を 20 〜 30 秒間維持し、逆側も行う。負荷が高まっても、腰が下がらないように持ちこたえよう

ヒップリフト・腹筋・腕立て伏せ

menu④ ヒップリフト

パターン1

仰向けの状態となり、両足のかかとで体を支えながらお尻を持ち上げる。その時に膝と足首を90度に曲げ、かかとで床を押しながら、20～30秒間維持する

パターン2

さらに片足を体のラインに沿って上げて、その姿勢を20～30秒維持する。逆足も行う

パターン3

片足のかかとで体を支えたまま、もう一方の足を体の中心に持ってきて、足の裏で天井を押すイメージで伸ばす。これはヒップリフトの「ムーブメント」というトレーニングである

多くの回数を繰り返すだけでは強化されない

トレーニングに関する知識をさらに深めていきましょう。バスケットボールの選手であれば誰もが、ジャンプ力をアップさせたいはずです。そのためには実際にジャンプを繰り返すだけでなく、お尻や大腿部の裏の筋肉（ハムストリング）を鍛える「ヒップリフト」がおすすめです。これもコアトレーニングの一つです。

また「腹筋」「腕立て伏せ」というと、多くの回数を設定してひたすら繰り返す姿が連想されるかもしれません。しかしながらそのような方法だと体の表面の大きな筋肉しか強化されません。そこで取り入れてほしいのが、パートナーに適度な負荷をかけてもらうトレーニングです。むやみに回数を繰り返すより、はるかに効果的です。

menu⑤ 腹筋

トレーニングをする選手（緑）は膝を曲げて両手を出した状態で座り、立っているパートナー（白）に両手で押してもらう。しっかりと胸を張ってその力を受け止められるように腹筋を意識する。パートナーに適度にきつい負荷をかけてもらって 20 〜 30 秒間、45 度の角度で背筋を伸ばした姿勢を維持する

menu⑥ 腕立て伏せ

トレーニングをする選手（緑）は腕立て伏せの姿勢をとり、立っているパートナー（白）に両手で肩甲骨のあたりを押してもらう。胸が床に着かないように両腕で踏ん張りながら 10 回程度上げ下げする。両方の肘の幅に手を置いた後は間合いを狭め、肘と肩との間の幅に手をそれぞれ置いた状態でも行う。足−腰−肩−後頭部がまっすぐになるように意識しよう

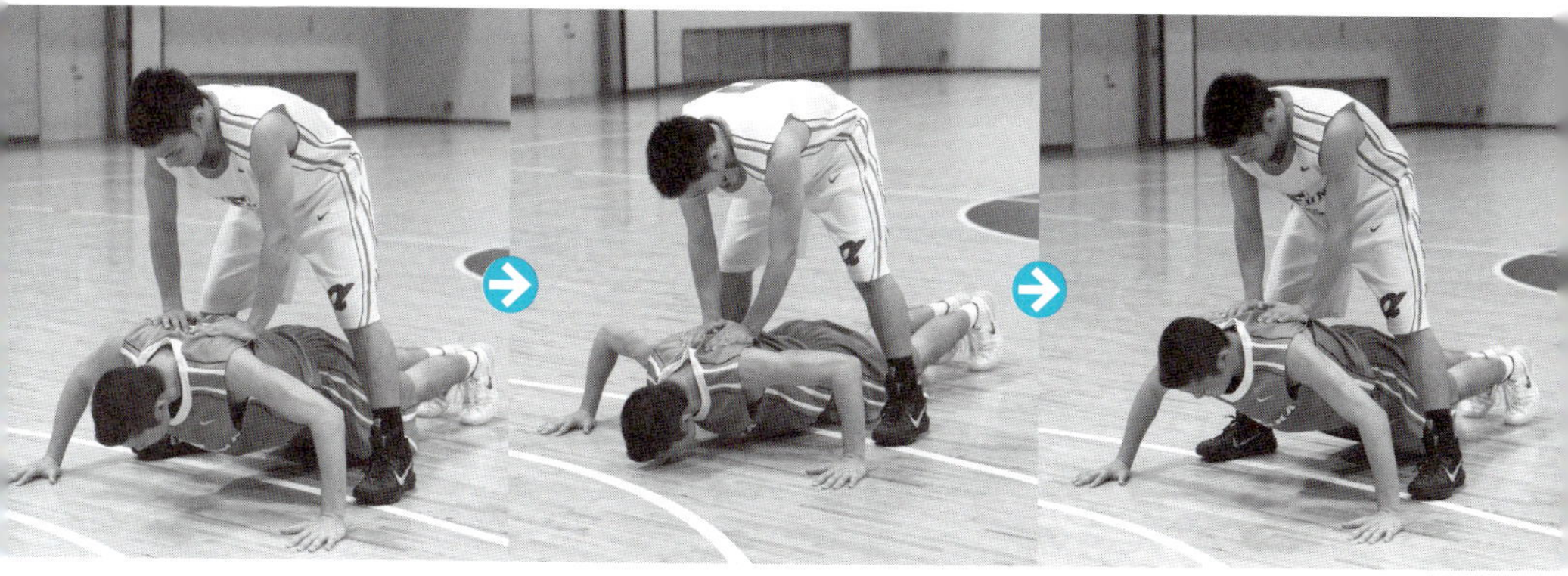

衝撃を受け止める強さを備える

menu⑦ アクティベーション

パターン1

トレーニングをする選手（緑）はバスケットボールの基本姿勢である低いスタンスをとり、両腕を伸ばして両手を握って構える。パートナー（白）に両手で上から下に適度な強さで押してもらい、手や腕が下がらないように20～30秒間、体全体で持ちこたえる

NG

体全体で持ちこたえて「姿勢」を維持する

ここまでのトレーニングで鍛えたすべての筋肉を調整しながら行うトレーニングです。まずバスケットボールの基本姿勢である低いスタンスで構えます。そして両腕を伸ばし、両手をつかんだ状態でパートナーに上下、左右へと押してもらいます。その負荷に対して動じないように、手や腕だけでなく体全体で持ちこたえます。これが「姿勢」を維持するトレーニングです。

これはコート上におけるコンタクトプレーで役立ちます。ポストプレーやドリブルをついているときに、相手は出している腕をはねのけようとします。そうした行為に「耐える力」を備えるのです。ファウルにつながってしまうような「押す力」ではないことを覚えておきましょう。

パターン2

次に、トレーニングをする選手（緑）はパートナー（白）に両手で右から左に適度な強さで押してもらい、手や腕が左右にぶれないように 20 ～ 30 秒間、体全体でこらえる。左から右にも押してもらい、同様に行う

パターン3

さらに、トレーニングをする選手（緑）はパートナー（白）に両手で下から上に適度な負荷をかけてもらい、手や腕が上がらないように 20 ～ 30 秒間、体全体で持ちこたえよう

股関節の可動域を広げる

menu⑧ ラテラルウォーク

股関節をしっかりと広げて低い姿勢をとる。そして進行方向とは逆足（写真では左足）を体の後ろからクロスさせる。さらに体の前に残っている足を横に大きく動かし基本姿勢に戻る。低い姿勢を維持することを意識し、同じ高さで動くことで股関節の可動域が広がると同時に、お尻の筋肉のトレーニングにもなる。まずはハーフコートの距離から始めてみよう。逆側も行うことを忘れずに!

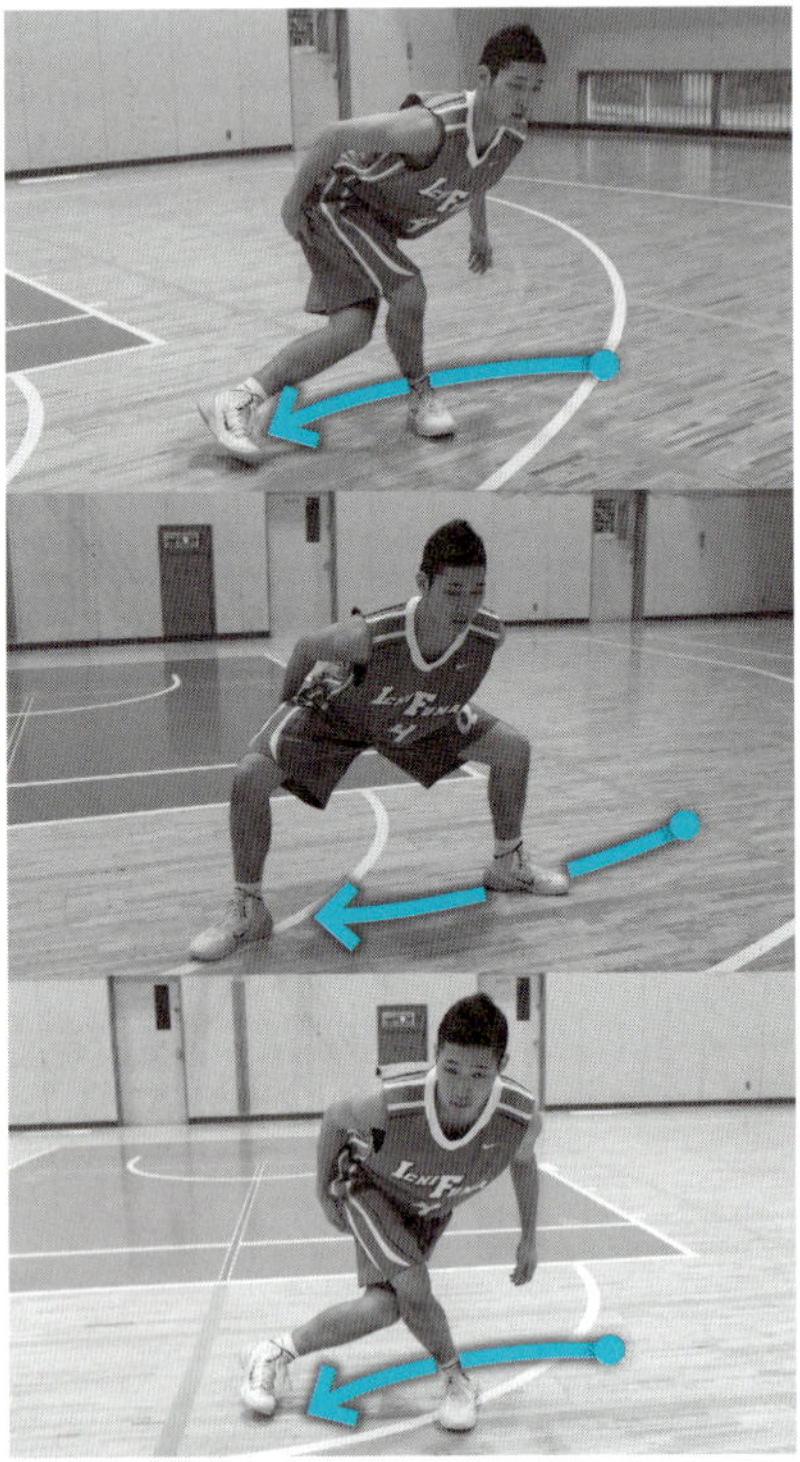

トレーニングにも相当するダイナミックストレッチ

バスケットボールの基本姿勢である、低いスタンスで構えるには「股関節」の柔らかさが必要です。言い換えると、股関節の「可動域を広げる」ということです。そのためにおすすめしたいメニューが二つあります。それが「スパイダー」と「ラテラルウォーク」です。

スパイダー（蜘蛛）は、文字通り蜘蛛のような格好で両手両足をできるだけ遠くにつきながら進むトレーニング。もう一つのラテラルウォークは、基本姿勢を保ちながら股関節を柔らかく使い、横に移動していくトレーニングです。

このような動きを伴う「ダイナミック（動的な）ストレッチ」は、柔軟性などを高めると同時に、トレーニングとしての効果も期待できます。

menu⑨ スパイダー

股関節の可動域を広げるとともに、内転筋のストレッチも兼ねたダイナミックストレッチ。動きとしては（写真順に）左足を前に出すと同時に右手を前に出す→右足を前に出すと同時に左手を前に出す→右手を出すと同時に左足を出す。足を遠くに突き出すことによって、股関節の可動域を広げることができる。その際に後頭部－肩－腰－足を一直線にして、床と平行に動くこと。かなりきついトレーニングなので、まずはハーフコートの距離で行ってみよう!

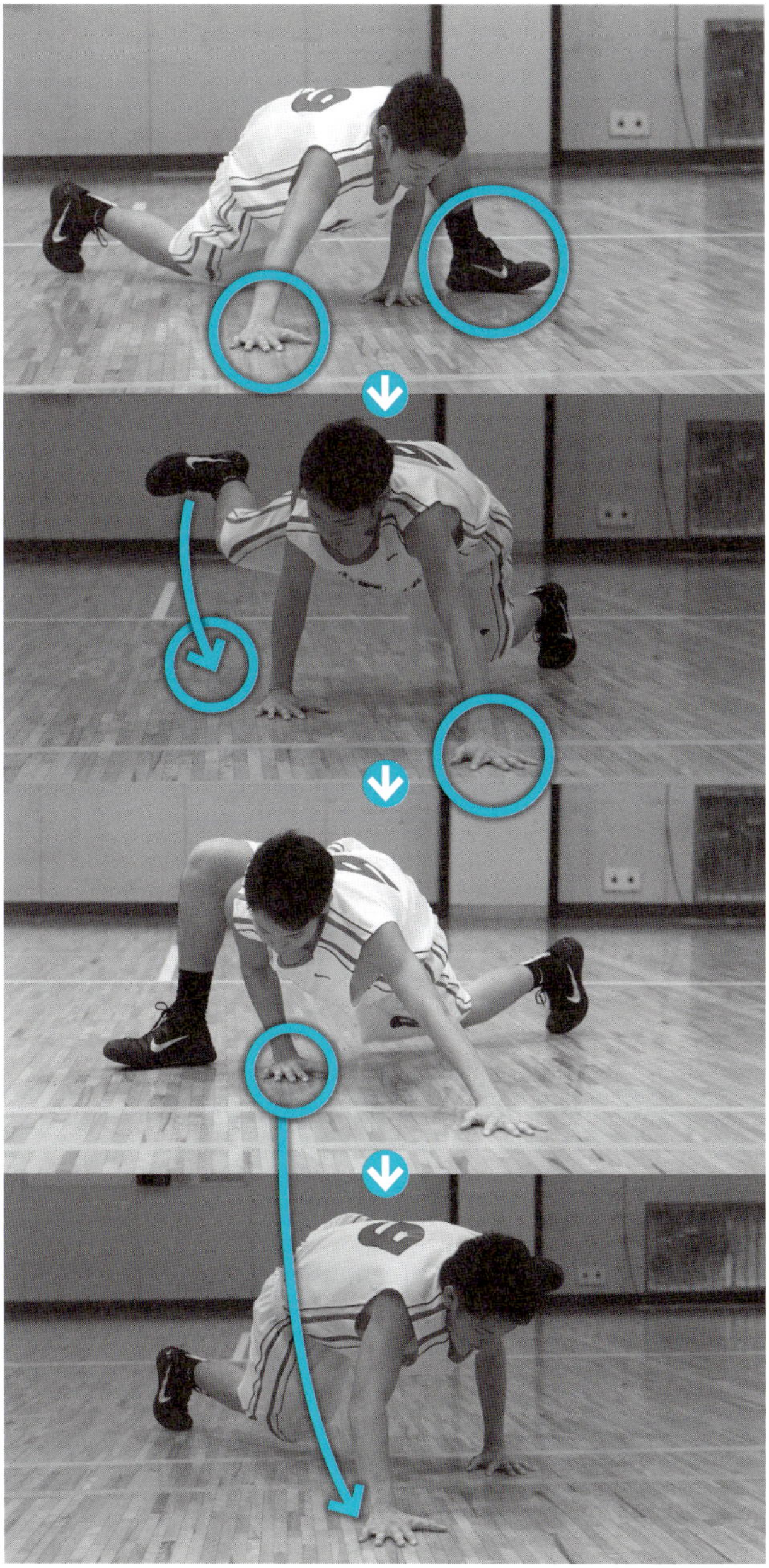

試合に向けて調整力を高めていく

menu⑩ インチウォーク

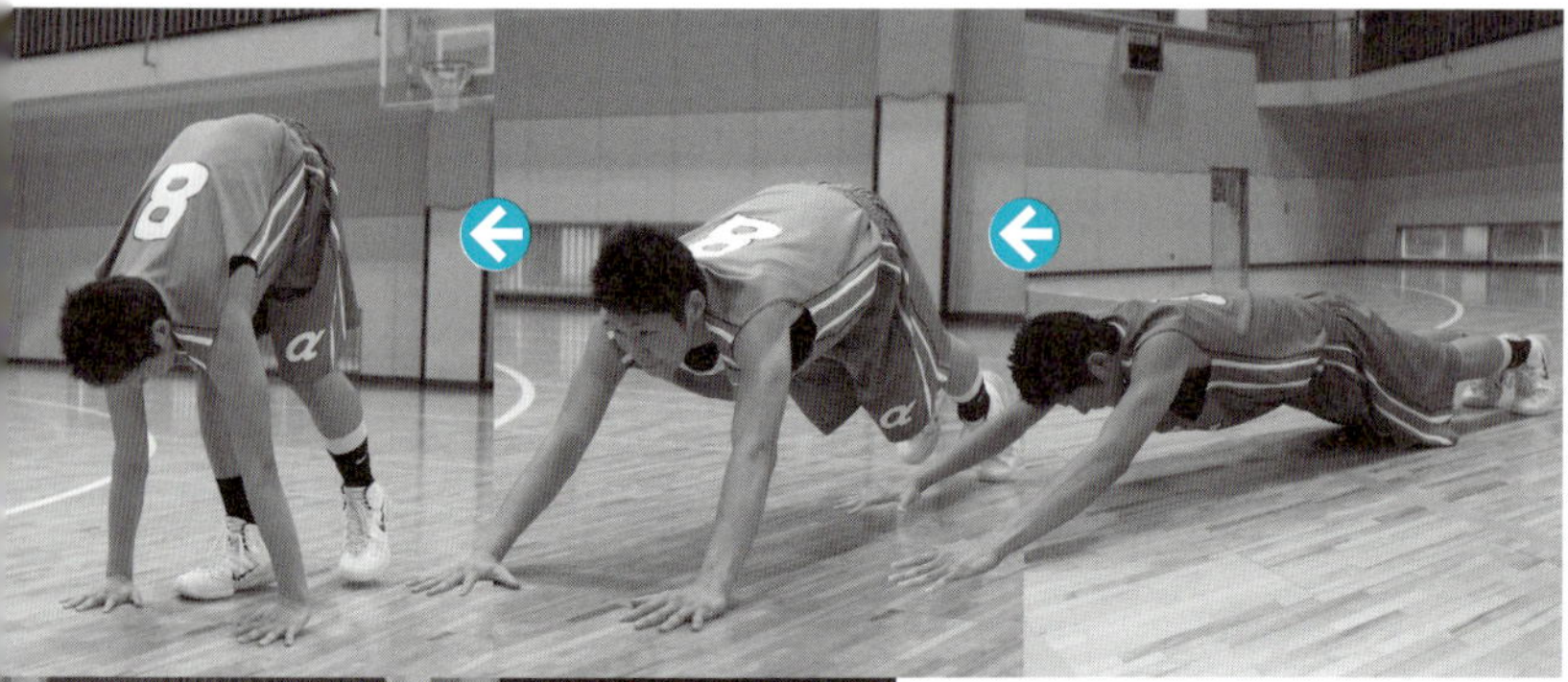

前屈の状態から手を前につき少しずつ両手を伸ばす。その時に後頭部ー肩ー腰ー足が一直線になるように。そこから両足のつま先を少しずつ動かしながら前屈の姿勢まで戻ったら、体を起こして立つ。これをできるだけ膝を曲げずに行うことにより、ハムストリング（大腿部の裏）をはじめ体の柔軟性を高めることができ、同時にコアトレーニングにもなる。まずはハーフコートの距離から始めよう!

相手にファウルされても動じないプレーを備える

柔軟性を高める「インチウォーク」というのダイナミックストレッチも取り入れながらさらに、「サイドキックからスプリント」などで試合に向けて、体の状態をコントロールしていきましょう。

「心・技・体」という言葉がありますが、体を作り上げていかないと技術が向上しないという意味では「心・体・技」ともいえます。なぜなら体が強くなったり、柔らかくなることにより、プレースタイルが大きく変わるからです。

そしてバスケットボール特有の世界は「空中」です。ジャンプするときの力に加え、空中でのボディバランスや柔軟性、さらに着地するときにもそれらが必要です。このようなトレーニングで相手にファウルされても動じない強さを備えましょう!

menu⑪ サイドキックからスプリント

ベースラインから大きなサイドキックでスタートし、その幅を小さくしながら、少しずつ前へのストライドの長さに変えていく。そうしてセンターラインくらいに達したらスプリント（トップスピードのダッシュ）へと移行していく。サイドキックを行っている際に、着いている足にしっかりと重心を乗せて、そこからフロアを強く蹴るように意識しよう!

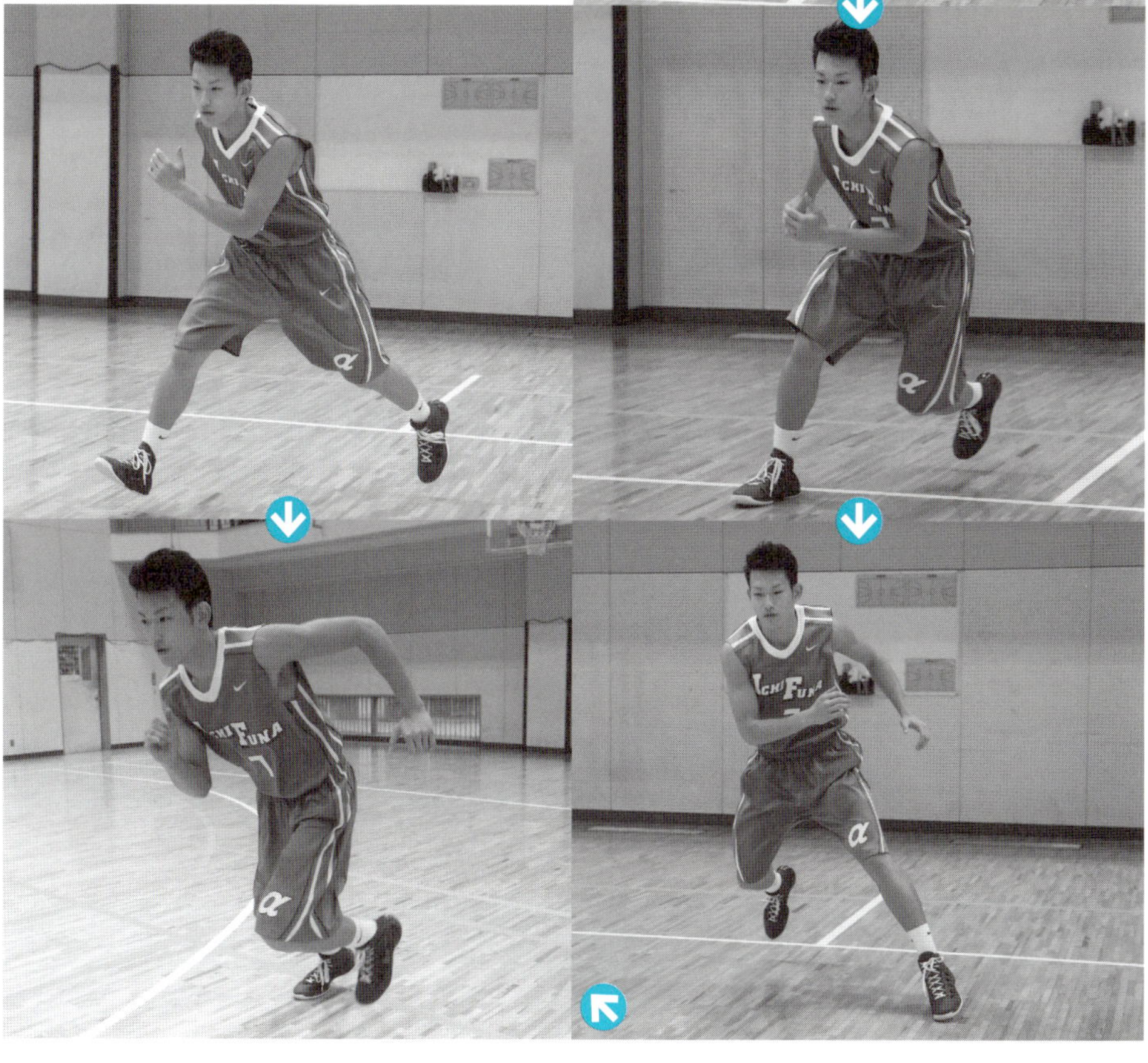

あとがき

本書で紹介したような基本をしっかりと備えることによって、状況に応じた対人プレーがスムーズにできるようになります。その過程について一つ注意してほしいことがあります。それはたとえ基本が備わっていなくても、試合状況に応じた難しい練習を積極的に行ってほしいということです。つまり、『どのようなプレーを身に付けたいか』を明確にした上で、基本練習を大切にするわけです。

基本ができないからといって同じ練習を繰り返すばかりでは、一体何のためにその基本練習を繰り返しているか目的を見失ってしまいます。ところが『どのようなプレーを身に付けたいか』がはっきりしていると、基本練習に取り組む上での目的意識やモチベーションが高まるのです。

これはチーム作りにもいえます。石橋を叩くように基本戦術を積み上げていくだけだと、大事な大会を迎えたときに、どんなチームで戦うことになるのかはっきりしません。そうではなく大会での目標を設定し、『どんなチームになりたいか』を明確にしておくのです。そのために必要なチーム戦術・戦略を備える過程で、基本練習も大事にしながら繰り返してください。

みなさんのご活躍を心より祈っています。

監修

船橋市立船橋高校男女バスケットボール部
総監督

近藤義行(こんどう・よしゆき)

1968 年4月21 日生まれ、千葉県出身。市立船橋高−国士舘大。市立船橋高校の選手としてインターハイ準優勝を経験。そして大学を卒業後、市立柏高校に赴任し女子チームを14 年間指導し、インターハイでベスト8の戦績を収める。その後船橋北高校を経て、2008 年に市立船橋高校に転任すると、インターハイでベスト8、2010 年ウィンターカップで4位、そして2014 年ウインターカップでは3位にチームを導く。U-18日本代表コーチ(日韓中交流大会)も務めた経歴がある。

撮影協力

女子部監督・高松淳史
男子部Aコーチ・相川宙輝
男子部Aコーチ・杉下　卓

船橋市立船橋高校男子バスケットボール部の選手たち

船橋市立船橋高校女子バスケットボール部の選手たち

1962 年創部。1983 年体育科が新設され、その1期生が出場したインターハイ（石川県七尾）で男子は、初出場ながら準優勝の快挙を遂げた。監修者である近藤義行監督は当時2年生として在籍。同大会で女子も3位に入るなどの強豪だ。そして男子は 1998 年のウインターカップでも準優勝と、その名は全国区となっていった。そうした輝かしい戦績だけでなく毎年、攻防両面でアグレッシブなプレースタイルを披露して高校バスケットファンを魅了。名実ともに全国の頂点に立とうと、日々の練習を大事にしてレベルアップを図っている。

STAFF
構成　渡辺淳二
編集　井山編集堂
写真　小林 学
本文デザイン　上筋英彌・上筋佳代子・木寅美香（アップライン株式会社）
カバーデザイン　柿沼みさと

パーフェクトレッスンブック
バスケットボール　基《き》本《ほん》と戦《せん》術《じゅつ》

監　修　近藤義行《こんどうよしゆき》
発行者　増田義和
発行所　株式会社実業之日本社
〒104-8233　東京都中央区京橋3-7-5　京橋スクエア
[編集部]03(3562)4041　[販売部]03(3535)4441
振　替　00110-6-326
実業之日本社ホームページ　http://www.j-n.co.jp/

印　刷　大日本印刷株式会社
製本所　株式会社ブックアート

ISBN978-4-408-45540-2

1502(02)